U0038560

Nietzsche

Diogenes

智慧的河流

河流

談西洋哲學的發展

卓心美 編著
施晴晴 繪

Rousseau

三民書局

國家圖書館出版品預行編目資料

智慧的河流：談西洋哲學的發展／卓心美編著.－－增
訂二版一刷.－－臺北市: 三民, 2019
面；公分.－－(歷史天空)

ISBN 978-957-14-6655-2　(平裝)
1.西洋哲學史

140.9　　　　　　　　　　　　　108008088

© 智慧的河流
——談西洋哲學的發展

編 著 者	卓心美
發 行 人	劉振強
著作財產權人	三民書局股份有限公司
發 行 所	三民書局股份有限公司
	地址　臺北市復興北路386號
	電話　(02)25006600
	郵撥帳號　0009998-5
門 市 部	(復北店)臺北市復興北路386號
	(重南店)臺北市重慶南路一段61號
出版日期	初版一刷　2003年4月
	增訂二版一刷　2019年7月
編 號	S 141080

行政院新聞局登記證局版臺業字第○二○○號

有著作權・不准侵害

ISBN　978-957-14-6655-2　(平裝)

http://www.sanmin.com.tw　三民網路書店

增訂二版序

　　當您打開這本書，開始閱讀，就表示您是位愛好智慧之人，願意靜下心來思考天、地、人、事、物之間，究竟有什麼關係？有哪些牽連？心中也許有許許多多疑惑：我如何來到這個世界？又該如何生活在這樣的時代？這樣的地方？這樣的家庭？為何有這些親人在我的生命中出現？為何在生命中遇見這些鄰居、同學、朋友、工作夥伴、甚或終生伴侶？這是偶然還是命定？這些哲人一直思索的論題。本書提供一個梗概，引領您細細探究、思量。

　　只要活著與他人互動，與環境互動，難免會產生一些挫折、一些想法，不論是愉悅或痛苦，都將促使我們自我省思，因為思考所以存在。生活在這個宇宙之中，壽命有限，體驗有限，總是期盼憑藉先哲智慧以避開探索的荊棘。二十一世紀，人工智慧、機器人的登場，勢必更加增添人們的迷惘，究竟人類會朝著什麼方向發展？這樣的發展會為我們的生命帶來幸福嗎？過往的哲人也許能提供些許答案與方向，就倘佯在智慧的河流裡吧！去發現那清澈的靈光。

　　藉著本書再版的機會，編著者增訂資料，也為符合現代出版潮流，編輯部重新設計版式，更添加插畫與圖片，希望讓讀者能夠輕鬆的、舒適的閱讀本書。全新封面設計和新增圖片解說，更能使讀者瞭解當時情境與哲學發展脈絡。除此之外，我們期望讀者能透過此書瞭解哲學；從文字中看見哲學背後那「愛好智慧」的出發點，並對我們現在的人生帶來省思。

編著者卓心美於臺北

二〇一九年五月

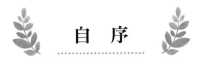

自 序

　　一本書的命名頗為重要，既要讓人看了一目瞭然，又要符合書中內容，還要有吸引人家願意翻閱的特質。所以幾個歷史學碩士、哲學碩士就絞盡腦汁想書名。因為這本書的出版是為了要讓高中生及大學生能在最短的篇幅中了解西洋哲學的發展，進而對它產生研究的興趣。因此就哲學的原始定義「愛好智慧」為出發，大家一起想書名，終於敲定《智慧的河流──談西洋哲學的發展》。

　　什麼是哲學？「哲學」一詞的英文為 Philosophy，源於古希臘文，語根為 Philo，是「愛」的意思；而 Sophia 是「智慧」的意思，原義合為「愛智慧」(Love of wisdom)。「智慧」一詞的意義十分廣泛，它泛指一切人類理性的思考和反省活動。

　　哲學的原義既然如此。然而，哲學作為一門學科，它經歷了長時期的發展，現在的內容與古希臘時期已經有了很大的變化。所以，要了解它，我們不能單依於原義，還需要看它的現代的意義。在現代，哲學家雖然對「哲學」的定義，看法有很大的分歧，但大略來說，以下的定義會是較多學者所能接受的，那就是：「哲學是研究事物的終極真相的一門學科。」

　　西洋哲學的發展由「探討自然存在的問題」，到「探討人存在的問題」。古希臘哲人蘇格拉底的「我一無所知」、「認識自己」，開啟我們探討真相的智慧。「哲學之王」柏拉圖，被二十世紀的哲學家懷海德讚譽為：「後世一切哲學，都是他著作的註腳。」然亦有二十世紀最具影響力的哲學家卡爾・波柏指出：「柏拉圖、黑格爾、馬克思為極權主義思想的奠基者。」究竟真相如何，有賴我們潛心

鑽研，方能解答。

　　對我而言，在已邁入「不惑之年」的階段，這本書尚有一個功能：「作為自我反省的一面鏡子。」

　　回想人生真是奇妙啊！我和「哲學」似乎有著不解之緣：就讀大學時，歷史系幾位志同道合的同學組成讀書會，閱讀探討一些有關哲學、歷史學、政治學、社會學、文學、藝術等書籍，然後大家彼此分享，記得我探討的題目是存在主義大師卡繆的《薛西佛斯的神話》。另外在教育學分的課程中，我對教育哲學產生濃厚興趣。因此大學畢業後直接去投考教育研究所，在碩士班的課程中，對教育百年思潮頗為喜愛，終究在碩士論文中，亦寫了與哲學相關的論題。因緣際會下，幾年前輔仁大學夜間部歷史系系主任林立樹先生的邀約，讓我在其系上對四年級畢業生講授「西洋教育思想史」課程，為期三年。尚因為對存在主義的無法忘情，我於西元 2000 年架設一個存在主義的簡單網頁。

　　此次三民書局的邀稿，我不假思索答應將昔日對哲學的濃濃情懷，整理成一本百餘頁的輕薄短小書籍：《智慧的河流——談西洋哲學的發展》。這本書的完成要感謝三民書局的校稿及提供意見。當然一定有未能盡如人意之處，比如當代哲學之一的後現代主義，是一個仍在發展的思潮，敝人功力不足，只做粗略介紹，尚期先進不吝指教。在本書中都已盡量加上原文對照，然亦有漏網之魚，敬請見諒。

　　希望這本小書能提供對哲學有興趣的朋友一個入門的參考。

編著者卓心美於臺北

二〇〇三年三月

智慧的河流
——談西洋哲學的發展

增訂二版序
自 序

第一章

哲學是什麼

一、哲學的定義

「哲學」這兩個字，來自希臘文，是希臘哲學家畢達哥拉斯 (Pythagoras, 570～469 B.C.) 所創的，翻譯成拉丁文就是 Philo-Sophia。Philo 的意義是「愛」，Sophia 的意義是「智」，兩個字合起來就是「愛智」，所以哲學就是愛智之學。根據羅素的定義：「哲學是介於科學與神學之間的中間地帶。」亞里斯多德則說：「哲學的本性是一種靜觀的學問。」是為知識而學問的理論哲學，有了理論，然後才有實踐哲學。

對哲學的愛 Philos，有兩種類型的愛：Eros、Agape。Eros 指他人追尋自己所欠缺之物的愛；Agape 指將自己所有之物給予他人，也是一種愛。男女之愛是 Eros；父母對子女的愛，神對人的愛是 Agape。

二、哲學是如何產生的

西洋哲學的產生，完全是為了「求知」，亞里斯多德在他的著作《形上學》第一卷第二章說：「哲學起源於無知，它發展的順序是：因為對事物『無知』而『驚奇』它的現象；由『驚奇』事物的現象而產生『懷疑』的心情；再由『懷疑』而『追究』事物發生的理由；藉著『追究』出的理由而『完成』，與明瞭事物的真相；這種全部系統性的真理，就是哲學。」

所以哲學產生的過程是：「無知」→「驚奇」→「懷疑」→「追究」→「完成」。

人類藉著追究真理的過程，由「無知」到「有知」。

三、哲學家想追究什麼

哲學家所探索的問題大約包括以下幾項：

- 世界從何而來？
- 我是誰？
- 人死後還有生命嗎？（也就是靈魂存在嗎？）
- 我們應該如何地生活？
- 人生最重要的事是什麼？
- 人有與生俱來的良知嗎？或者是受環境所影響？

雅典學園（1511 年，拉斐爾繪）

四、哲學的四個基本架構

哲學的基本架構可由下圖來表示。

理則學：教導人正確的思維法則

知識論 { (一)觀念論 vs. 實在論（柏拉圖 vs. 亞里斯多德） / (二)經驗主義 vs. 理性主義（培根 vs. 笛卡兒）

形上學 { (一)本體論 { 1.唯物論 / 2.唯心論 / 3.心物合一論 } / (二)宇宙論 { 1.創造論 / 2.流出論（泛神論） / 3.進化論 / 4.創造進化論 } }

價值哲學 { (一)知識價值——真理論 / (二)倫理價值——善 { 1.普遍定律 / 2.自為目的定律 } / (三)藝術價值——美 / (四)宗教價值——聖 { 1.關於自由意志的理論 { (1)決定論 / (2)神諭論 / (3)宿命論 } / 2.關於存在主義 { (1)齊克果有神論 / (2)尼采無神論 } } }

第二章

古希臘時期

第一節　「哲學」出現以前的階段

在哲學還沒有出現以前，人類創造了神話、單純的宗教意識、巫術等。這些精神產品是人類對外在宇宙的直接反應，還不能形成一種哲學理論。比如：古埃及神話、古猶太宗教意識。而希臘民族卻具有高度的思辨能力，通過知性的探求，建構成為具有「學問性」的哲學思想。「西洋哲學之父」泰利斯便是首次提出哲學的根本問題──「存在為何？」而且還充分發揮理性思辨能力的第一位希臘哲學家。

希臘神話與哲學的關係　希臘以奧林匹克為時空的中心，奧林匹克是雅典旁邊的一座山，在這裡每四年舉行一次祭神大會。因為希臘的地形是一個半島，居民大多以捕魚、經商為生，他們捕魚、經商都是以雅典為中心，漁民和商人販售自己的貨品，拿所得去買自己的日常必需品後，在等待船隻返航之前，都會在這座奧林匹克山上，舉行感謝神明的祭典。在祭典之後，就有一些競技活動，「競爭」在希臘的文化體系中佔很重要的地位，可見希臘社會很重視人的能力。凡是在奧林匹克運動會獲勝的人，人家會說因為他得到神的幫助才能獲勝，因此希臘的神話系統就這樣產生了。

「哲學前期」的意義就在於預先把各種哲學問題，以及各種哲學概念，個別地加以探討，以備將來在哲學全盛時期中應用。總之，「哲學前期」的特性就是缺乏整體性。

影響希臘「哲學前期」最多的神話體系，應該算是荷馬神

話體系。荷馬神話體系討論神明的來源、宇宙的起源，最後歸結到人類生存的問題。荷馬所寫的內容雖然屬於神話，但是神話後面卻隱藏哲學思想，比如生命的短暫、死後的生命延續、罪惡的源流、作惡以後的責任、偶然和必然、人的命定和自由之爭等論題。

神話是大眾的信仰，哲學是個人獨立的思考。神話是大眾思考的結晶，含有濃厚的宗教性、傳統性和神秘性；哲學就不同了，它是個別思想的結晶，具有獨立性、批評和改革的創造性、合理性和因果的必然性。

古希臘哲學的研究方法　古希臘哲學的研究方法便是嘗試以整體人的生存和求知欲（包括理性的「知」與意志的「欲」）來研究哲學問題——宇宙問題和人生問題。

古希臘哲學的歷史地位　在西洋哲學發展史中，古希臘哲學是它的幼年時期。

第二節　宇宙論時期——自然的存在問題

一、泰利斯

有關泰利斯 (Thales, 624～546 B.C.) 的記載很少，只知道他是七位智者之一，生在小亞細亞的米勒 (Miletos)。米勒是一個繁榮的商業都市，有大量的奴隸。泰利斯生在貴族家庭，天生聰明，對政治很有興趣，精通數學、天文、自然科學，也曾遠赴海外經商。根據柏拉圖的記載，他有一次望著天空在想事情，

走著走著不小心掉到坑裡，弄得滿身泥濘，還被一位下女恥笑。

　　亞里斯多德稱泰利斯為西洋哲學之父。根據亞里斯多德的記載，泰利斯坐在河邊，仰觀星象，看到萬物流轉變動，就推想宇宙萬物的根本構造中，一定有一個不變的東西，作為變化的本質，這個本質應該是水，因為水是維持一切生物的元素。而水本身可以變成雲，分散在空氣中；又可以凝結成雨，散落在土地中，這樣的水的活動，其中充滿了神明的作用。所以泰利斯認為水是原質，其他一切都是由水造成的，泰利斯又提出地球是浮在水上的。亞里斯多德提到，泰利斯說過磁石體內具有靈魂，因為它可以使鐵移動；又說萬物都充滿了神。萬物都是由水構成的，他的科學和哲學都很粗糙，但卻能激發思想與觀察。

二、亞諾芝曼德

　　泰利斯的弟子亞諾芝曼德 (Anaximandros, 610～546 B.C.)，歷史記載他是西方第一個用漿糊作立體地圖的人，也是第一個有著作的學者，他寫了一本書《論物理》，這不是物理學的書，而是「形上學」的著作，是西方第一部哲學著作。在這本書中，他覺得泰利斯用「水」來代表宇宙的根源，未免太具體了，所以他提出「無限」來代表宇宙的根源，這個「無限」也充滿神明，而且有愛神的指引，使它們發展成現在的世界。他覺得「愛」、「恨」兩種力量，使得「無限」變成冷熱、乾濕、黑暗光明等力量，兩者是對立的。他有演化論的想法：因為對立才

使宇宙有上下立體的青天與黃土世界，最初人類遠祖是生在水中的魚，以後才慢慢適應陸地的乾燥生活。這是西方最早的演化論。

三、亞諾西姆內斯

　　亞諾芝曼德的弟子亞諾西姆內斯 (Anaximenes, 585～528 B.C.)，認為老師的「無限」太抽象，而提出「氣」作為宇宙的根源，他說宇宙所有生成變化、生滅現象都是由於「氣」的凝聚或分散，若「氣」分散得稀薄，就變成「火」；「氣」若凝結，就變成「風」，再變成「雲」，再重就變成「水」，它凝結

米勒學派

　　泰利斯、亞諾芝曼德、亞諾西姆內斯分別以「水」、「無限」、「氣」作為宇宙的根源，這三個人因為地點的緣故，被稱為米勒學派。米勒學派的特徵是：自然哲學，考察宇宙起源的問題。他們用的方法是「觀察」自然，尤其是天文地理，用他們的「思想」，把具體的抽象化，把眾多的單一化，用事物存在的單純性來代表事物表象的複雜性，也就是用簡單的思想來表達複雜的事物。

米勒學派三賢：泰利斯（左）、亞諾芝曼德（上）、亞諾西姆內斯（下）（收錄於 1493 年出版的世界編年史）

更密時就變成「土」，比「土」更密就成了「石頭」。他以為天地萬物是由這六種元素（火、風、雲、水、土、石頭）造成的，但最初都是因為「氣」的變化而成，他的「氣」也充滿神明。

最後歸結出人也是「氣」，整個靈魂、整個生命現象都是由呼吸而成。

第三節　人事論時期──人的存在問題

米勒學派的三位大師，他們的思想大半受到荷馬和赫西奧 (Hesiodos) 神話的影響，以萬物充滿神明的思想作為基礎，因此特別著重理論，探討宇宙的根源問題。畢達哥拉斯學派則受東方的奧爾菲 (Orpheus) 神話影響，比較著重實行。也就是說，米勒學派著重「知」的問題；畢達哥拉斯學派著重「行」的問題。著重「知」的問題，大部分是討論自身以外的知識問題；著重「行」的問題，卻是涉及自己應該做什麼的問題。

一、畢達哥拉斯

畢達哥拉斯 (Pythagoras, 570～469 B.C.) 生於薩摩斯 (Samos) 島，在現今土耳其以西，屬於希臘管轄。史料中有記載，他活了 101 歲，小時候曾受過米勒學派的教育，而後遊學於埃及和東方各國。

畢達哥拉斯常謙虛地說自己沒什麼智慧，只是「愛智」(Philo-Sophia) 而已。「愛智」一詞，於是成為「哲學」的專有名詞。畢達哥拉斯對「愛智」的觀點是極為寬廣的，他曾比喻，到奧林匹克會場的有三種人：

　　1.是志在奪標的運動選手。

　　2.是只以參加運動會為榮者。

　　3. 是想觀看此場運動會的觀眾。

此三者都是「愛智」者。

　　畢達哥拉斯創立畢達哥拉斯學派，這個學派思維的方法與前期的米勒學派有極大的差異，在他之前的哲人只在於「物理性」的思維，但是這一學派卻深入「數理性」的思索。

　　畢達哥拉斯推理出「數」是萬物的重要元素，更推為是宇宙的根本。畢達哥拉斯思想中有一個純算數的世界，它比大自然的世界還早出現。一切數都由「一」開始，所以「一」是眾數之母。而數目中又有奇數與偶數之分，二者本是相對之數，卻能和諧的形成萬物。

　　雖然兩派都是從神話脫胎孕育而成的哲學，米勒學派重視「宇宙論」，畢達哥拉斯學派卻重視「人事論」。米勒學派以冷熱、乾濕、夜光來解釋宇宙的形成，然後把宇宙的起源應用到人類身上，認為人類從海洋來，由魚變成，這是由宇宙論走向人性論。而畢達哥拉斯恰恰相反，從人性論開始，以人生中無法避免的生老病死的體驗，作為知識的起點，然後以輪迴學說的假設，進而主張解脫的方式就是修行，他提出「數」作為人類命運的關鍵，再把輪迴學說，從人性論轉移到宇宙論，因此決定宇宙的形成，在於「數」的綜合和分析，在於輪迴命運的支配，這是由人性論走向宇宙論的一條路徑。

　　畢達哥拉斯學派的哲學家過著一種集體的宗教式生活，禁欲齋戒，修心養性，並相信前世與來世，而今生的善惡都將成為來世的因緣，唯一能解脫此輪迴的方法，只有脫離塵世入山

畢達哥拉斯主義者膜拜日出（1869 年，Fyodor Bronnikov 繪）

修道，與東方印度之思想有雷同之處，所以可能是來自於東方的思想。柏拉圖對此說讚許有加，並且以它作為人生哲學的重要思想，對他們修行的方法稱讚為「生活有道」。

畢達哥拉斯對西洋哲學的貢獻至少有三項：

　1.把哲學當作是研究宇宙和人生的根本問題。

　2.對天文知識的研究，開始懷疑以地球為中心的學說，慢慢引導至中世紀的「太陽中心說」。

　3.對醫學有貢獻，認為人思想的中心在腦部。

　不管是對宇宙的觀察或是對人生的體驗，都是早期希臘哲學要追尋和努力的方向。

米勒學派與畢達哥拉斯學派的比較

米勒學派	物理性的思維	重視宇宙論	由宇宙論走向人性論	二者都由神話脫胎孕育而成
畢達哥拉斯學派	數理性的思維	重視人事論	由人性論轉移到宇宙論	

二、普羅哥拉斯

　　西元前五世紀，雅典已經經過幾次民主改革，在波希戰爭中成為希臘各城邦的盟主，並在伯里克利斯 (Pericles, 495〜427 B.C.) 的領導下，實現了發達的民主政治，雅典成為古希臘世界的經濟、政治和文化中心。由於民主政治的需要，出現了一批

伯里克利斯對著群眾演講（1877 年，Philipp von Foltz 繪）

以教授演說的辯論術為業的思想家，被稱為「智者」
(Sophists)。他們討論的中心不再是自然界宇宙生成等問題，而
是集中在人類社會政治倫理方面，「人」成為研究的中心。智者
的著名代表就是普羅哥拉斯 (Protagoras, 480～410 B.C.)。為了
反對傳統奴隸主貴族統治的制度和思想，他提出「人為萬物的
尺度」的著名命題，認為判斷是非善惡的標準，只能是個人的
感覺和利害，為當時的民主制度提供了理論根據，但他的思想
也導致否認客觀真理的存在。這種相對主義思想發展到極端，
產生了智者高爾吉亞 (Gorgias, 483～375 B.C.) 的懷疑論和不可
知論。智者的思想在政治上雖然起過進步作用，但卻是古希臘
哲學最初帶有主觀唯心主義色彩的哲學。

　　普羅哥拉斯開辦希臘詭辯學派的文化事業，在 30 歲左右曾
經以詭辯學派教師的身分，遊歷希臘的許多城邦，引導民眾過
有德性的生活，許多年輕人跟他學習做人的道理，尤其是雄辯
術。他著書立說，在書中表示自己是個無神論者，因此被雅典
政府驅逐出境，他的著作也多被燒毀，只能從他學生那兒得知
片段。

　　相傳普羅哥拉斯有個詭辯的故事：

　　有一名學生安阿塞拉斯 (Enathlas) 向他請教如何在法庭辯
論成功的訣竅，普羅哥拉斯答應只要安阿塞拉斯交足夠的學費
就教他辯論技巧。但安阿塞拉斯也提出相對條件，就是當他第
一次在法庭辯論勝利後，才會如數奉上學費，師生談妥條件後
便簽寫合同。過一段時日，普羅哥拉斯認為安阿塞拉斯已經卓

然有成，畢業後卻未見安阿塞拉斯繳交學費，普羅哥拉斯便自動向法院控告安阿塞拉斯不履行契約。

普羅哥拉斯想他一定穩贏的，他所依據的訴訟準繩是：如果法官裁定他勝訴，依據訴訟法則輸的一方要付費；如果法官裁定他輸了，依據契約學生也要交學費給他。反正他都可以拿到錢。

安阿塞拉斯也想他一定穩贏的，他所依據的訴訟準繩是：如果法官裁定他勝訴，依據訴訟法則贏的一方不必付費；如果法官裁定他輸了，依據契約他也不必交學費給老師，因為老師沒有把他教好。

可見詭辯派的技巧，不是追求真理的方法。這件事表現兩個人的絕對主觀論，也表現詭辯論的主張：「人無法認識絕對真理」，也否定真理的絕對性價值。

三、蘇格拉底

(一)蘇格拉底的格言

- 我只知道一件事，就是我一無所知。
- 沒有經過反省的人生，是不值得活的。
- 父子兄弟相愛，本出於天性，如果要講求利害，就失去家庭的溫暖。
- 夫婦結合，本出於愛情，如以經濟為條件，就會失去相愛的本意。

㈡蘇格拉底的生平

　　因為蘇格拉底 (Socrates, 470～399 B.C.) 一生沒有任何著作，所以今天我們了解他的生平、思想主要是參考色諾芬尼 (Xenophanes) 的《回憶錄》和柏拉圖的《對話錄》(有一大部分是柏拉圖藉蘇格拉底來闡述自己的思想)。蘇格拉底是西洋哲學史上的一個分水嶺。蘇格拉底以前的哲學思想，都偏重宇宙和自然的研究，探討宇宙的根源，尋求萬物的本體，對於人生問題多未注意。到了蘇格拉底，才擴大了哲學的研究領域，主要關懷是在倫理方面而不是在科學方面，他開始注意到人類本身的一些重要的問題，所以羅馬哲學家西塞羅說：「蘇格拉底是第一個將哲學從天上喚到人間的人。」

　　根據《西洋哲學史話》(*The Story of Philosophy*) 裡的記載，說蘇格拉底禿頭，有一張大圓臉，眼眶深陷，鼻子寬闊而朝天。有的書上更說他大腹便便，長得有些醜陋。

　　蘇格拉底的父親是一位雕刻石匠，少年時他曾抱著繼承父業的想法，一度去學習雕刻，後來因為沒有興趣而中止，他比較喜歡觀察自然及思考。他的母親是接生婆，在蘇格拉底論教育、知識的傳授時，就曾有教師乃「接生婆」一說。

　　蘇格拉底的妻子名叫

蘇格拉底教導未來的雅典將軍（1777 年，Marceli Bacciarelli 繪）

燦蒂柏 (Xanthippe)，頗為凶悍。他們夫妻倆感情並不好，因為這位蘇格拉底終日坐在雅典的大街上，或在神廟前，和一般青年講學論道，既沒有收入，也沒有其他謀生的方式，從不關心自己的妻小。所以在妻子的眼中，蘇格拉底是一個遊手好閒、無所事事的人，是一個只帶回麻煩而不帶回麵包的懶蟲。蘇格拉底常自稱為「牛虻」（牛虻是吸牛血的蠅子），他的妻子也是這樣叫他。平時夫妻間常起衝突，可是每當燦蒂柏大發雷霆的時候，這位大哲學家總是默默的抗議，使強悍的妻子常感到英雌無用武之地。據說有一次，在蘇格拉底做無言的抗議時，他的妻子氣不過，在盛怒之下，便將一桶水澆在丈夫的頭上，這位大師只微笑地說：「我知道在打雷之後，一定會有傾盆大雨的。」其實，他們夫妻的感情並不如想像中的那樣壞，平時雖不免常有口角，但一到緊要關頭，夫妻的真情便會自然的流露出來。當蘇格拉底被判死刑的消息傳到他妻子的耳朵裡，燦蒂柏便痛哭不已，淚流滿面。到這個時候，這位哲人仍然很輕鬆的對他的弟子們說：「你們勸她回家吧！我一生最怕見女人掉眼淚了。」他的妻子哭著說：「蘇格拉底，你是冤枉的呀！你不能無罪而死啊！」想不到他卻回答說：「我無罪而死，死得很光明磊落啊！難道要我有罪而死嗎？」

因為他在街頭進行他的哲學探討，又強烈反對當時的詭辯學派，還有複雜的政治關係，西元前 399 年，他被控以「腐化雅典青年」和「藐視城邦崇拜之神」、「從事異教傳播」的罪名，被判處死刑。事實上，他的朋友及弟子覺得這種審判很不合理，

勸他逃走，但蘇格拉底認為判決雖然違背事實，但這是合於程
序的判決，必須服從，所以從容地服毒死去。蘇格拉底認為自
己靈魂不死，相信自己死後要去的地方一定比現世好，而且那
個地方應有正義的存在。

　　蘇格拉底是天生的幽默大師，無論在什麼時候，他都能保
持輕鬆愉快的心情。當他面臨死亡的那一剎那，他的弟子們都
痛哭失聲，他仍然是妙語如珠，沖淡了不少悲傷的氣氛。有一
位弟子勸他在臨死前換下那件破舊的長袍，他堅持不肯，說：
「我生前就穿著這件破舊衣服，難道穿著它，死後就不能見上帝
了嗎？」他死前的最後一句話，是對克雷多 (Crito of Alopece) 說

的：「克雷多，我還欠阿克利比斯 (Asclepius) 一隻雄雞，請別
忘記還給他。」

㈢蘇格拉底的學說

認識自己　蘇格拉底總是穿著襤褸的舊衣服，光著腳到處走。
他的不顧寒暑、不顧飢渴使得人人都很驚訝。由於他出生在古
希臘戰爭的混亂時期，道德價值低落，因此蘇格拉底認為，若
要支持當時生活中的倫理局面，人人就必須「認識自己」(know
yourself)，這也是他哲學的出發點。「認識自己」這句話原來是
刻在德爾菲 (Delphi) 神壇上的，蘇格拉底把它當作自己的哲學
方法，他常在街頭及市場與人聊天（有人稱他為「街頭哲學
家」）。他從一些簡單的日常生活中常用的語句開始，一直往後
追問探索，深入一個字的原義，一步步的迫使對方承認自己的
無知。他認為知道了自己的無知之後，才算是真的「認識了自
己」，這也才是最高的知識。他認為「了解自己是一件很困難的
事，教育須從了解自己開始」。為了「有知」，必先抱持「無
知」。經他一問，所有的習俗、傳統、權威、風尚、輿論、經
驗，都得徹底檢討。這就是所謂的「見山是山，見水是水」；
「見山不是山，見水不是水」；「見山是山，見水是水」。歷經這
三個步驟，終於獲得知識。所以知識的第一步，就是放棄未經
懷疑過的信念。美國教育哲學家杜威 (John Dewey) 讚美蘇格拉
底：「蘇格拉底宣稱自認無知，這乃是積極喜愛智慧的開端。」

助產士教學法　蘇格拉底和人討論有關問題時，常用詰問法，又稱蘇格拉底法。步驟如下：

　　1.詰問：就對方的發言不斷提出追問，迫使對方自陷矛盾，無詞以對，終於承認自己的無知。

　　2.助產術：幫助對方得到問題的正確答案。

　　3.歸納：從各種具體事物中找到事物的共性、本質，透過對具體事物的分析、比較，以尋求「一般」。

　　4.定義：把個別的事物歸入「一般」概念，得到關於事物的「普遍」概念。

　　因為真理的發現，是在討論和問答法中進行，所以有人叫這種方法為「助產士教學法」，是一種為知識接生的藝術。蘇格拉底將助產士比喻作教師，產婦比喻作學生，而產房宛如教室，嬰兒則是觀念。老師就像是助產士在教室（產房），將學生腹中的觀念（嬰兒）接生出來。

　　蘇格拉底的整個方法，是啟發性的，經過歸納過程而歸結到一個定義。亞里斯多德曾說：「有兩件事實在是要歸功於蘇格拉底的：一件就是歸納論證，另一件就是普遍定義。」羅素則稱之為辯證法。不過他說，這種以問答尋求知識的方法，不是蘇格拉底獨創的，斯多噶學派的創始人芝諾 (Zeno) 也用過。

知即德說　蘇格拉底是「主知主義」者，以智慧統攝諸德，以「知即德說」(Knowledge is virtue) 為其倫理學理論的主旨。他認為明智的人，能明辨是非、分別善惡，在平時的行為實踐中，就知道為善去惡。沒有人會故意作惡的，因為故意作惡，會讓

詰問法舉例

蘇格拉底問戍守戰場的士兵說：

「勇敢是什麼？」

「勇敢就是在戰事惡化時，固守戰地。」

「不過，假設戰略上要你放棄的話呢？」

「那時你就不能固守，否則就是愚蠢。」

「那麼你同意，勇敢既不是固守，又不是棄守。」

「我想是的，我不太清楚。」

「啊！我也不知道。也許勇敢就是用用你的頭腦，你怎麼說？」

「不錯！就是用用你的頭腦。」

「那麼，我們至少可以試探地說，勇敢是心靈的表現——緊急情況中的正確判斷囉？」

「不錯！」

他本身感覺不快樂。凡人的作惡，都是由於愚昧無知，所以智慧是唯一之德，愚昧是唯一之惡。這就是蘇格拉底「知德合一」的理論張本，他把知識和道德二者，看作是一而二、二而一的事了。

蘇格拉底是偉大的哲學家，也是偉大的教育家。他認為教育的目的在求至善和品德的培養及心理能力的發展，並以為教育的目的就是人生的目的：人生的目的在求得至善，人類之所以能達到至善的境界，則在致力於道德的修養，以完成理想的人格。

㈣蘇格拉底的貢獻

他對後世的貢獻大致有三：

1.對哲學方法的改進——建立歸納法的初步基礎。

2.是有系統研究知識條件的第一人——建立認識論的體系；在認識論方面，蘇格拉底應屬於理性主義。

3.構成倫理學的體系——建立道德哲學。

蘇格拉底對後世的最大貢獻，是他首先樹立了西方偉大教師的風範。從西方的歷史中來看，教師工作從開始就不受人重視，雅典叫從事教師工作的人為「教僕」。他們之中有的雖具有很好的學識，但卻屬奴隸的身分，平時護送主人的子女到校讀書，回家後陪讀；即使是自名為智者的詭辯學派者，也不過是到處流浪，全賴出售知識以餬口，根本不受人尊重。當前歐美的社會裡，仍然視教師為教書匠，和其他的木匠、鎖匠一樣，教師和學生之間似乎純粹是一種金錢與知識的交易，一點也看不出像我國那種「尊師重道」的精神。但蘇格拉底則是個例外：他很受青年們的敬仰。他的智慧，照亮了學生的心靈；他的勇敢殉道精神，為青年們樹立了守正不阿的楷模。

㈤蘇格拉底的影響力

蘇格拉底和柏拉圖是理性主義者；伊比鳩魯 (Epicurus) 和斯多噶學派 (Stoics) 應屬於經驗主義 (Empiricism) 者；亞里斯多德雖師事柏拉圖，但他在認識論上的主張，是走折衷理性主義和經驗主義的路線的。蘇格拉底認為知識的來源是理性

(Reason)，真實的知識是普遍的而非特殊的，是形式的而非偶然的，是永恆的而非變動的。他在這方面的理論，近則影響柏拉圖；遠則對近代的理性主義者如笛卡兒 (Descartes)、斯賓諾莎 (Spinoza) 和萊布尼茲 (Leibnitz) 等人均有莫大的啟導作用。

蘇格拉底的倫理學思想，對柏拉圖的影響更大，兩人都屬於倫理的幸福主義。柏拉圖在主觀上認為至善即幸福，在客觀上將善的概念看作和上帝相一致；認為人類行為的目的，應使靈魂擺脫肉體的束縛，藉德性與智慧之助，變得和上帝相似，以道德和智慧為幸福的主要因素。在這一點上，他與蘇格拉底的見解頗相契合。蘇格拉底以智慧統攝諸德，柏拉圖則將德目列為最高的四種——智慧、勇敢、節制和正義，不過他特別指出智慧在德性中佔最高的地位。但在實用方面，兩人的主張則稍有差異：蘇格拉底將實踐道德建基於功利主義或權宜主義 (Expediency) 之上；柏拉圖則放棄功利的觀點，認為道德應有其獨立的價值。德行與知識之間這種密切的聯繫，乃是蘇格拉底和柏拉圖兩人的特色。

另外，蘇格拉底在倫理學上所持「中庸」的看法，對亞里斯多德的啟示很大。亞里斯多德認為人是理性動物，過著理性生活，追求至善的價值。至善的生活才有幸福，但幸福不等於快樂；快樂可隨著道德行為而來，而是道德行為的次要結果。這和蘇格拉底的觀點頗為一致。亞里斯多德更認為良好的生活必須有道德的修養，對於道德的評價須賴合理的態度。所謂合理的態度，就是道德的中庸觀點，中立不倚，不趨極端，無過

與不及之弊。例如勇敢在粗魯和怯懦之間，慷慨在奢侈和吝嗇之間，謙遜在羞怯和傲慢之間。所謂勇敢、慷慨、謙遜等均是美德，本身有其適中性和調和性，既不失之於偏激，又不失之於迂緩。因過猶不及，均與中道不合。顯然亞里斯多德的中庸說，是導源於蘇格拉底的。

(六)蘇格拉底和孔子的比較

兩人有類似之處：「蘇格拉底是西方的孔子，孔子是東方的蘇格拉底。」兩人都主張「學而不思則罔，思而不學則殆」。

容貌都欠佳　孔子名丘，因為他頭形如丘；蘇格拉底的相貌，可能比孔子更醜。

都生於亂世　孔子生於春秋末年，諸侯兼併，動亂頻仍，民不聊生，他寢不安蓆，棲棲遑遑，周遊列國，傳達政治理念。蘇格拉底出生在雅典，當時的希臘半島，也是城邦國家紛立的時代，較強的雅典和斯巴達，各領諸城邦彼此爭戰不已。

都是偉大教師的典型　孔子被稱為「萬世師表」、「至聖先師」。蘇格拉底批評時政，攻擊詭辯學者，至死不屈實行真理，堪稱智慧和知識的導師。孔子「學不厭，教不倦」的精神，和蘇格拉底苦口婆心教導雅典青年的熱誠，都不愧為古今教師的楷模！

第四節　理型的追求者──柏拉圖

一、柏拉圖的格言

「談起希臘，轉頭必見柏拉圖」。柏拉圖 (Plato, 427～347 B.C.) 號稱「哲學之王」，希臘有句成語：「不管我的思維怎樣轉，回頭必見柏拉圖。」二十世紀的哲學家懷海德 (Alfred North Whitehead, 1861～1947) 甚至說，後世一切哲學，都是他著作的註腳。

柏拉圖說：「愛是神聖的瘋狂。」意思是談戀愛的時候會覺得自己像瘋了一樣，整個人忽然變了一個樣子，開始注意自己的衣著、儀容、修辭，臉上流露幸福的模樣。

「什麼是柏拉圖式的戀愛？」

柏拉圖為其學術理念終身未娶，他相信自己所創設的「觀念論」。他的「觀念論」總認為人的靈魂永遠在觀念界中，「造化神」要向「善神」借人的靈魂來到世界上時，「善神」因為怕整體的靈魂降落凡間作亂，所以把每一個靈魂分成兩半，這就是為什麼世上有男女之別的原因。柏拉圖相信自己是救世者，是哲學的王子，所以不相信自己的另一半會降落凡間受苦受難，因此沒有理由去追求一個女性。今天我們所說的「柏拉圖式的戀愛」，是一種平等的戀愛，男可以追求女，女也可以追求男，是整體的一半去追求另一半。另一種說法：「柏拉圖式的戀愛」是一種精神之愛，沒有肉體欲望。

二、柏拉圖的生平

　　柏拉圖出身於雅典著名的貴族家族。據說他的名字源於他的寬額頭，他的真實姓名卻漸漸被人淡忘了。柏拉圖生於伯羅奔尼撒戰爭期間，青年時期和其他貴族子弟一樣受過良好的教育，並接觸到當時的各種思潮。柏拉圖年輕時愛好文學，寫過悲劇和詩歌，並且熱中體育，相傳柏拉圖曾是摔跤冠軍。少年時對文學的喜好，使得柏拉圖的著作，採用對話錄一問一答的方式。他的對話方式是一種辯論。在辯論時，雙方站在邏輯上的平等地位，只要一方提出理由，另一方就得答覆，所以不是學生問、老師答的權威問道方式。書中主角蘇格拉底闡述道理時，也喜歡用寓言的方式，故事很引人入勝。

　　對柏拉圖一生影響最大的是蘇格拉底。柏拉圖 20 歲時拜蘇格拉底為師，跟他學習了 8 年。蘇格拉底被雅典民主派處死時，柏拉圖才 28 歲，對於老師的死，由於愛莫能助，感到非常傷心。他跟自己的老師一樣，反對民主政治，認為一個人應該做和他身分相符的事，農民只管種田，手工業者只管做工，商人只管做生意，平民不能參與國家大事。蘇格拉底的死，使他受很大的刺激，因此他蔑視雅典的民主，憎恨無知的群眾，增強他對實現貴族政治的決心。老師死後，柏拉圖不想在雅典待下去了，最後懷著一顆破碎的心，開始到各地遊歷，先後到過埃及、義大利、西西里等地，他邊考察邊宣傳他的政治主張。他的名著《理想國》(*Republic*) 的構想，可能在此時已經開始在他

的心中孕育著了。柏拉圖因受蘇格拉底的陶冶，變成一個酷愛智慧的青年，他非常敬愛他的老師。他常說：「我感謝上帝賜我生命，成為希臘人而不是異邦人；賦我以自由民的身分而不是奴隸；使我生為男人而不是女人；但是我尤其要感謝上帝賜我生在蘇格拉底的時代。」柏拉圖這種尊師重道的熱誠，完全是受蘇格拉底的精神感召所致。因為蘇格拉底出身平民，生活刻苦，而且平易近人，熱情洋溢，加之幽默風趣，妙語如珠，故能使受教者如沐春風，自然潛移默化。

西元前 388 年，柏拉圖遠遊南義大利和當地畢達哥拉斯派學者切磋學問，且穿越海峽到西西里島訪問，在此期間他曾受敘拉古城市迪昂之聘，教導戴奧尼西斯 (Dionysios) 一世，但據傳說，他到了西西里島的敘拉古城，想說服統治者戴奧尼西斯一世建立一個由哲學家管理的理想國，但目的沒有達到，卻觸怒了戴奧尼西斯一世，遂被賣為奴隸，他的朋友花了許多錢才把他贖回來。之後柏拉圖便返回雅典，柏拉圖既回雅典，自知在當代政治和政客之間，已毫無施力之處，因而在雅典郊外創立雅典學園（academy，後世學院的起源）。一邊教學，一邊著作，他的學園門口掛著一個牌子：「不懂幾何學者免進」，由此可知，沒有幾何學的知識是不能登上柏拉圖的哲學殿堂的。這個學園成為古希臘重要的哲學研究機構，開設四門課程：數學、天文、音樂、哲學。柏拉圖要求學生不能生活在現實世界裡，而要生活在頭腦所形成的觀念世界裡。他說：「畫在沙子上的三角形可以抹去，可是，三角形的觀念，不受時間、空間的限制

而留存下來。」他決定採用新的方法培育政治家,而《理想國》即詳述柏拉圖哲學家國王的理想和達到其目的的方法。

三、柏拉圖的學說

柏拉圖在政治生涯沒有成功,可是卻在學術上給西方後世創造無數的奇蹟,也導引西方整個的學術氣氛。他是古希臘最著名的唯心論哲學家和思想家,是西洋哲學史上第一個使唯心論哲學體系化的人。他的著作和思想對後世有著十分重要的影響。

根據羅素 (Bertrand Russell, 1872～1970) 的看法,柏拉圖哲學中最重要的是他的「理想國」,次為「觀念論」,再次為「靈魂不朽論」、「宇宙論」,最後為「知識論」。

㈠理想國

《理想國》是柏拉圖最成熟的作品,二千多年前的作品在今天仍然具有哲學界的經典地位。

柏拉圖是西洋哲學史上第一位發展系統理論的哲學家,在他的著作《理想國》中,他描繪了完美國家的組成。在著作中他主張:「除非哲學家成了國王;或是世界上的國王、王子都具有哲學的精神和力量,將政治的偉大性和智慧集於一身,而那些較為平庸的,只追求兩者之一,不顧其他天性的領導者,都被迫退向一邊;否則城邦永遠不能免於他們的邪惡事物(不僅如此,我相信全人類都免不了);只有到這種時候,我們的國

家，才有活起來，得見天日的可能性。」《理想國》涉及柏拉圖思想體系的各個層面，包括哲學、倫理、教育、文藝、政治等內容，主要是探討理想國家的問題。他認為，國家就是放大了的個人，個人就是縮小了的國家。

柏拉圖的烏托邦

1. 領袖必備條件：內在的德行、健康的身體、辦事的能力就是他的智慧。

2. 共產共妻：子女為國家所公有。未經國家批准的結合而出生的孩子，都算是不合法的。母親的年齡應該在 20 歲至 40 歲之間，父親的年齡應該在 25 歲至 55 歲之間。不在這些年齡的限度之內，則性交是自由的；但卻要強迫他們流產或殺嬰。衛國者應該實行一種徹底的共產主義，衛國者要有小房子和簡單的食物；他們要像在軍營裡一樣地生活，大家在一塊兒吃飯；除了絕對必需的東西而外，他們不得有任何的私有財產，金和銀都是被禁止的。他們雖然並不富有，但並沒有任何應該不快樂的理由；城邦的目的是為了全體人民的好處，而不是為了一個階級的幸福。財富和貧窮都是有害的，在柏拉圖的城邦裡兩者都不存在。

3. 青年教育：青年人到達一定的年齡以前，是不許看到醜惡與罪惡的。但是到了適當的時候，就必須讓他們去見識種種「誘惑」了；讓他們看看恐怖的形象使他們不至於恐懼，也看看壞的享樂使之不至於被誘惑。唯有當他們經得住這些考驗之後，才能認為他們適宜於作衛國者。男孩子們在長成以前應該看看戰爭，雖說他們不必親自作戰。

4. 男女平等：女孩子們也嚴格地受著和男孩子們一樣的教育，學習音樂和體育，並且和男孩子們一道學習作戰的技術，女人在一切方面都和男人有著完全的平等。

國家應有三等人：

1. 金質的人，具有智慧之德的統治者，稱為「哲人王」(Philosopher-Kings)，經嚴格挑選，配合其天賦能力，予以教育。

2. 銀質的人，具有勇敢之德的衛國者，稱為「武士」，經過特別挑選，刻意培養。

3. 銅質的人，是有節制之德的供養者，是情欲的追逐者，就是普通百姓，經營農工商業。

前兩個等級擁有權力但不可擁有私產，第三個等級有私產但不可有權力。

(二)觀念論

觀念論是柏拉圖哲學體系的核心，他認為物質世界之外還有一個非物質的觀念世界。觀念世界是真實的，而物質世界是不真實的，是觀念世界的模糊反映。觀念論是柏拉圖「理想國」的基礎。而觀念論的基礎則是集合了學徒時期三大思想家的思

伊利亞學派

伊利亞 (Elea) 是南義大利的小城，此派宗師及高足弟子皆是伊利亞人，故名。此派哲學否定生成變化，專就存在的存在性與論理性發掘存在的意涵，古代希臘哲學，在宇宙論時期，討論自然存在問題的哲學派別有米勒學派、畢達哥拉斯學派、赫拉克利特 (Heraclitus) 以及伊利亞學派。

想：蘇格拉底的概念、畢達哥拉斯的輪迴學說、伊利亞學派 (The Eleatic School) 的「存有」概念（認為知識不能來自感覺的唯理主義觀點）。

(三)靈魂不朽論

柏拉圖認為人的知識（觀念的知識）是先天固有的，並不需要從實踐中獲得。他認為，人的靈魂是不朽的，它可以不斷投胎。人在降生以前，他的靈魂在觀念世界是自由而有知的。一旦轉世為人，靈魂進入了肉體，便同時失去了自由，把本來知道的東西也遺忘了，要想重新獲得知識就得回憶。因此，認識的過程就是回憶的過程，真知即是回憶，是不朽的靈魂對觀念世界的回憶，這就是柏拉圖認識的公式。他還認為，這種回憶的本領並非所有的人都具備，只有少數有天賦的人，也就是哲學家才具備。因此，他肯定地說：除非由哲學家當統治者，或者讓統治者具有哲學家的智慧和精神，否則國家是難以治理好的。這種所謂「哲學王」的思想即是他理想國的支柱。

柏拉圖的靈魂性質三分法，原為畢達哥拉斯所傳。將靈魂分為「理性、意志、欲望」三部分，並有等級次序之別，理性是靈魂的最高形式，靈魂據此而不朽，而意志及欲望則是及身則亡。柏拉圖宣稱靈魂不朽，靈魂在人死後繼續存在，靈魂在來世的生命將依其現世的行為而決定。

柏拉圖的靈魂從哲學書中探出頭，表達靈魂根據理性而不朽，並象徵柏拉圖學說影響深遠，觸及每位閱讀哲學書籍的人們

　　四種主要的德行：智慧、勇敢、節制、正義。智慧是靈魂的理性部分所具備的德行；勇敢屬於意志部分；節制是在理性統治之下；而正義是共有的德行，出自於靈魂的每一部分皆和諧圓滿的執行任務。快樂附屬在善之下，並且理智必須是快樂的判官，快樂必須是在與肉身靈魂之健康、和諧與秩序相洽時，才被准許的。

　　柏拉圖認為人應該受理性支配，而不應受勇氣或情欲所控制。人若是受情欲所支配，不受理性控制，會處於混亂及持續不斷的衝突狀態，會覺得心煩意亂，不能平靜。欲望是無止境的，所以受情欲控制的人會不停的遭受「內戰」，即要忍受到靈魂三個部分的互相角力拉扯的痛苦。相反，人若能受理性所支配，自然可以享受到有秩序、和諧與協調的靈魂。由於靈魂沒有發生內戰，人會覺得自己是鎮定而平靜的，覺得自己是一個統一體，而不會覺得自我像是分裂開般。這就是柏拉圖認為自我統一的重要性。

(四)知識論

　　柏拉圖在講真知的時候，特別提出洞穴比喻。大意如下：人活在這世上，有如住在洞穴一般，每個人似囚犯一樣雙手雙腳被綁在座位上，只能往前看，所看到的東西是燭光透過道具映在牆壁上的影像，而並非真實世界，因為人受到自己的偏見及熱情所俘，也遭到他人的成見及繆見所惑，固執不知變通，久而久之以幻影當真實，數十年如一日。但因突發事件，有人掙脫了束縛枷鎖，出了洞穴，見到洞穴外的陽光，發現了真實世界，興奮異常重回洞穴與他人分享，卻被眾人毒打，此人就是蘇格拉底。柏拉圖以此作比喻，說明人的愚昧頑固，阻礙對真理的追求。

柏拉圖洞穴譬喻畫（1604 年，Jan Saenredam 繪）

洞穴：人類的感官世界

洞穴中的燭光：感官世界的陽光

洞穴之上有陽光普照的世界

感官世界之上有觀念的世界

洞穴中譬喻的陽光如同觀念界的觀念

洞穴譬喻中的太陽如同善觀念

如感官世界一切都由太陽來照耀

觀念世界一切由善觀念來統治

　　柏拉圖的太陽比喻是唯一的光明，太陽一照射，所有的東西便區分開來，萬物的存在便得以彰顯，這便是柏拉圖以太陽

作比喻的用意。但是太陽與善有何關係？這就要進一步去區分柏拉圖所提的五種理型。

價值　如真、善、美、勇敢、正義等。真正的價值最後一定有一個最高的價值作為衡量的標準，那就是善，善像太陽一樣照耀著其餘德行與價值，使它們自身得以彰顯。

概括　相同、相異、多、少、大、小等，都是屬於個別事物所不能單獨具備的。如張三與李四「相似」，需要一個概括的東西做標準，否則不能相互對照。

數學　充滿了抽象性的數字與符號。

自然物　一棵樹、一頭牛、一隻貓，都有其依據的理型。

手工品或工藝品　桌子、房子、橋樑、圖畫等，都是人造出來的，如桌子是工匠根據心中藍圖去造，然後才有桌子出現。

　　柏拉圖的知識論有一句很重要的話：「你應該先是聰明的，然後才是善的。」這也就是界定了西方理性主義的基礎，要以「知」做基礎，在「知」上面，建構一個「善」的體系。表示「真」和「善」是不可離的。柏拉圖的知識論隱然分為三級：知物、知天、知人。

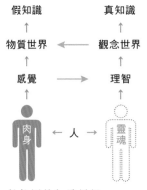

感覺認識是認識事物的假相，對變
化無常的假相認識，非真的認識。
理性認識是認識事物的真相，真相
乃永恆不變的實在，是真的認識，
也是真理的確定價值。
此真理存在於觀念的模型內，因此
柏拉圖也被稱為觀念論的始祖。

柏拉圖的知識層級

（資料來源：張振東編著，《西洋哲學導論》，學生書局，第 90 頁）

㈤宇宙論

　　柏拉圖的《對話錄》中有討論宇宙論的問題，歐洲哲學宇宙論也受這部著作的影響。

　　如果我們很單純地將西洋哲學分為四期的話，希臘哲學所不懂的東西，一定得問「神話」；中世紀哲學所不懂的東西，一定得問《聖經》；近代哲學所不懂的東西，一定得問自己的「理性」；當代哲學所不懂的東西，一定得問「自然科學」。西洋哲學每一時期的困難，都有自己的解決之道。

　　柏拉圖屬於希臘哲學時代，他的宇宙論就得請教神話，「造化神」就告訴柏拉圖解決之道。「造化神」在開始的時候，看到宇宙呈現一片紊亂、黑暗與無光，「造化神」覺得應該將它整理得很有秩序，於是宇宙經祂整理之後，成了有秩序的宇宙。但祂仍然不滿意，於是向觀念界借用一些觀念來到這個世界；

「善」觀念答應「造化神」的要求，所以給造化神不少觀念，這些觀念就是人的靈魂。靈魂和世界上的肉體結合，使世界上出現了人類。人類的靈魂來自觀念界，肉體來自感官界，人的存在就成了頂天立地的存在。柏拉圖認為人的靈魂本來在觀念界中自由自在，現在受到肉體的控制，最大的控制是他的兩種能力：一是認知的能力，對「真」的追求；另一種是對「善」的追求。知識和倫理受到了控制，這就是人在這個世界上受苦受難的本性。

　　人的靈魂來自觀念界，它是善觀念下的東西，由於人的驚奇和追求兩種作用，把感官世界和觀念世界拉在一起，構成了整個宇宙的整體。上有觀念界，下有感官世界，其中有一個神明經過，那是「造化神」的運動使得感官世界和觀念界拉在一起，能夠聯繫起來的中心是「人」，所以人是頂天立地的。

第五節　思想法則的落實者——亞里斯多德

一、亞里斯多德的格言

- 人類天性渴望求知。
- 人天生是政治的動物。
- 人是理性的動物。
- 吾愛吾師，但吾更愛真理。
- 哲學是唯一一門自由的學問，因為它只為自己而存在。

二、亞里斯多德的地位

　　亞里斯多德 (Aristotle, 384～322 B.C.) 是第一個要將哲學和其他學科區別開來，使之成為一門獨立學科的哲學家。他分別地研究了邏輯、倫理學、政治學、天文學、心理學、生物學、物理學等各門學科，他是這些學科最早的建立者，是古代希臘最博學的學者。馬克思在《資本論》中稱他為「古代最偉大的思想家」，恩格斯則認為他是古希臘哲學家中「最博學的人物」。

　　中世紀時，經過拜占庭和阿拉伯人的介紹，西歐人才重新知道亞里斯多德。但是教會拋棄亞里斯多德思想中一些活潑的東西，僅僅歪曲利用亞里斯多德的形式邏輯，作為與異端鬥爭和維護信仰的工具，亞里斯多德思想被經院哲學所玷污。文藝復興時期，雅典人的和諧發展思想給身受經院哲學和禁欲主義之苦的西歐人帶來了希望，亞里斯多德的教育思想才得以重綻光芒。

　　在認知問題上：如果柏拉圖是觀念主義之父，那麼亞里斯多德就是實在主義之父。

三、亞里斯多德的生平

㈠國王的老師

　　談到西方古代的大哲學家，總是以蘇格拉底、柏拉圖、亞里斯多德為代表，三人之間有師徒的關係，柏拉圖是蘇格拉底的學生，亞里斯多德則是柏拉圖的學生。

　　西元前 384 年 ， 亞里斯多德出生在希臘北方的史塔吉拉
(Stageria) 城，他的父親是馬其頓國王的御醫，家境富裕。17 歲
時，亞里斯多德來到雅典，進入柏拉圖創立的學園，一待就是
20 年。亞里斯多德思想敏銳，受到師生的重視，柏拉圖稱他為
「學園的精英」。他從最初的學生變成教師。柏拉圖死後，亞里
斯多德總結前人哲學思想的基礎，創立了與老師截然不同的哲
學體系，所以亞里斯多德有句名言：「吾愛吾師，但吾更愛真
理。」

　　西元前 347 年 ， 亞里斯多德受朋友赫米亞斯 (Hermias) 的
邀請到位於小亞細亞海岸的阿索斯 (Assos)，充當赫米亞斯的顧

亞里斯多德教導亞歷山大（1895
年，Jean Leon Gerome Ferris 繪）

問，之後又移居列士波斯島 (Lesbos) 上的米提勒涅城 (Mytilene)。亞里斯多德在這島城上蒐集了非常多生物學上的資料，並對許多動植物作出了令人驚嘆的觀察記錄。有些動物以亞里斯多德為種名，正是因為他在二千多年前就已經對牠們作深入的觀察和記錄。不過，這樣的日子過沒幾年，西元前 342 年，亞里斯多德應馬其頓國王菲力普 (Philippos) 二世的邀請，擔任年僅 14 歲的王子的宮廷老師。這位王子就是後來繼承馬其頓王位，並建立一個橫跨亞、歐、非三洲的大帝國的──亞歷山大大帝。

㈡逍遙學派始祖

　　儘管自己的學生已經是貴為國王，亞里斯多德並沒有一直留在國王身邊，他決定回到雅典，建立自己的學園，教授哲學。亞里斯多德非常重視教學方法，反對刻板的教學方式，於是他經常帶著學生在花園林蔭大道上一邊散步，一邊討論哲理，因此後人把亞里斯多德學派稱作「逍遙學派」。

　　亞里斯多德自己曾說：哲學家的結局往往是悲慘的，就像他的老師柏拉圖，曾勸國王改革政治，結果被賣為奴隸；他的師祖蘇格拉底，為了宣揚無神論，被判處死刑。西元前 323 年，亞歷山大大帝在東征途中病逝，雅典人趁機起來反抗馬其頓人的統治，雅典人把對馬其頓人的仇恨，轉移到曾經擔任亞歷山大老師的亞里斯多德頭上，為了「不給雅典人第二次對哲學犯下罪過」（第一次雅典人判蘇格拉底喝毒酒自殺），他只好逃離

雅典，最後在加爾西斯 (Chalkis) 終老。據說亞里斯多德經常在課後休息時，拿出一條裝有熱油的軟管放在胃部上方，可能是想以熱度來減輕疼痛。事實上根據資料推論，亞里斯多德最後應該也是死於胃病。

(三)百科全書式的學者

亞里斯多德研究的學問，包括了現在學科的哲學、物理學、生物學、天文學、大氣科學、心理學、邏輯學、倫理學、政治學、藝術美學，幾乎是涵蓋了所有的領域，亞里斯多德的著作超過 170 種，被保留下來的僅僅是少數的資料。

四、亞里斯多德的學說

(一)邏輯學

分成概念、判斷、推論三部分來探討。

概念　亞里斯多德認為我們討論問題時，必須先釐清所使用的名詞或概念的意義。如「龍」，中國人認為牠是吉祥物，崇高的民族象徵；但在西方人眼中則視之為惡魔的象徵。

判斷　將概念的意義界定後，接著做出判斷。亞里斯多德提出四種格式：

(1)全稱肯定判斷：如「所有的人都是理性的」。

(2)全稱否定判斷：如「所有的人都是不理性的」。

(3)特稱肯定判斷：如「有些人是理性的」。

(4)特稱否定判斷：如「有些人不是理性的」。

　　任何述及事實的語言，實際上都是由這四種格式所組成。

推論　亞里斯多德提出三段論法：大前提→小前提→結論，如「凡人都會死」是大前提，「蘇格拉底是人」是小前提，便可推論出「蘇格拉底會死」的結論。

㈡四因說：質料因、形式因、動力因和目的因

　　其實，亞里斯多德在《物理學》中將四因作了簡單的陳述：「就一方面而言，一個東西如果是構成某物之成分，這個東西可稱作是一個原因（質料因），一個東西如果是某物之形式與模型……這個東西也可稱為是一個原因（形式因），再者，如果它是變化或歇止之第一原理的根源，如東西的製造者……也是一個原因（動力因），如果它是一個目標──亦即它是我們之行為所依歸者……也是一個原因（目的因）。」

質料因　一張桌子由木頭製成，木頭就是它的質料因。

形式因　木匠決定做成桌子而不是椅子，桌子便是形式因。

動力因　工匠努力工作將形式加諸木頭之上，才會完成一張桌子，這位木匠便是動力因。

目的因　桌子拿來寫字或用餐，不同目的產生不同的桌子。

㈢宇宙論

　　亞里斯多德利用現實和潛能、形式和質料的配合來解釋整個宇宙，是屬於目的性的宇宙，不是機械的運動變化而已。宇宙的元素不外是水、土、氣、火，此四元素分合結果，使宇宙

有方位的移動、化學變化、物理變化等現象發生。存在有四個層次：物質、生命、意識、精神。物質方面事先有部分後有整體，但是生命以上的階層是「全體先於部分」。在最高的層次精神裡面，是人的存在。

　　亞里斯多德將上帝定義為「第一不動的動者」，因為宇宙萬物的變化必定有原因，一切動者由他物所動，那麼是誰去推動？亞里斯多德認為是上帝，祂不在時空範圍內。除了上帝不算外，從地球中心到宇宙最外層的恆星形成一個有限空間的連續。亞里斯多德這種形上學系統綿密延續無斷裂可能。

　　茲將其天文系統繪製如下：

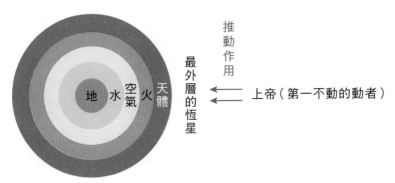

（資料來源：傅偉勳著，《西洋哲學史》，三民書局，第 140 頁）

㈣倫理學

　　文藝復興時代，有一位畫家拉斐爾畫了一幅「雅典學園」的畫，這幅畫是以柏拉圖和亞里斯多德兩位大師為中心。柏拉

圖右手指向天，表示他的學說，他的真實世界在天上，在觀念
界；左手拿著的是宇宙論的《對話錄》，指出柏拉圖的宇宙論影
響西方甚鉅。亞里斯多德的右手向前平伸，表示他所認為的真
實世界，是這個平實的世界，並非遙遠或想像的觀念界，左手
拿著的是《倫理學》，和他的具體生活有很大關係的倫理學。

㈤人性論

　　亞里斯多德和他的老師柏拉圖不一樣：柏拉圖把人的靈魂
和肉體看成絕對的二元，而肉體是靈魂的墳墓。相反地，亞里
斯多德認為靈魂和肉體是合一的，是相輔相成的。他認為靈魂
是人的形式，而肉體只不過是質料，所以他仍然是重靈魂輕肉

體。因為重視靈魂所以在人性論中，就特別提到靈魂，認為靈魂在整個的宇宙中，有三種不同的作用：

生魂　存在於所有的植物和有生命的東西中。

覺魂　生魂之上有覺魂，生物會感覺冷暖，水分、陽光是否足夠，發展自己的能力，爭取生命所需要的東西。

靈魂　人的靈魂包含三種作用：會生、會感覺、會思想。因為人有靈魂，所以人為萬物之靈，能夠生長、知覺、思想和推理，能夠接受教育或教導他人，以自己活的體驗去改善生活，甚至有自己的價值觀、人生觀、追求自己的人生目標。

　　亞里斯多德認為人是理性的、政治的動物，有合群的天性，能夠自知自己的行為，可以追求幸福、創造幸福。每一個人生來就具有同等價值、同等尊嚴的靈魂，所以亞里斯多德反對柏拉圖在「理想國」的許多措施，如共妻和優生學。亞里斯多德認為每一個人都有資格和權利生存，有資格結婚，有權利組織家庭，有權利參與社會或國家的政治。亞里斯多德以他的倫理學和人性論發展他的政治哲學。

㈥政治學

　　亞里斯多德將政治制度分成君主政體、貴族政體、平民政體、專制政體、寡頭政體、民主政體等。每一種政體又有許多不同型態，亞里斯多德主張的是貴族政體，因為貴族政體採中庸之道，不偏向富人，也不偏向窮人；不偏重貴族，也不偏重平民。

㈦悲劇理論

亞里斯多德在美學著作中，為希臘悲劇提出系統解釋，在歷史上極具代表性。

亞里斯多德為悲劇下的定義如下:「悲劇是模仿一個嚴肅而本身完整的行動，行動的範圍應該相當廣泛，劇中所使用的語言，應依不同的情節而加上愉悅的伴奏；其形式應是富於戲劇性的，而不是敘述性的；最後以劇情引起憐憫與恐懼之感，藉以達成此等情緒的淨化。」

悲劇的六項構成要素是:故事或情節、人物、措辭、思想、場景、旋律。

希臘悲劇真正的主角不是人，而是「命運」。命運主宰一切，任何人的自由意志都無法與之抗衡，但人即使失敗了，並不因此放棄求生意志或屈服於命運，反要展現特殊尊嚴。

五、亞里斯多德的貢獻

亞里斯多德對於自然科學的貢獻，擺脫柏拉圖的「觀念論」，把自然當作科學研究的客觀對象，並進行科學分類，使得自然科學與社會科學逐漸演變成為許多獨立的學科。

在科學的方法論上，他開創了邏輯學，提出他所謂的四個公理:同一性定律、矛盾律、排他律、充分理由定律，並確定了概念、判斷、推理等邏輯形式。他最先提出歸納和演繹兩種方法，強調以數學體系與邏輯推理來證明科學的原理。這樣的基本理論觀點，促進了往後科學的發展。最明顯可見的是，在

他的影響下，出現了歐幾里德的名著《幾何原本》。而且亞里斯多德當年所使用的許多專有名詞，至今仍被教科書所使用。

第六節　希臘哲學的貢獻

希臘哲學的貢獻，除了思想之外，尚有文字，尤其是科學名詞：原子 (atom)、相片 (photos)、電話 (telephone)、節目 (program) 等，以及大學學問的名詞：哲學 (philosophy)、天文 (astronomy)、化學 (chemical)、物理 (physics) 等。

以「知」為中心的希臘哲學中，宇宙的探討是初階，人性的把握才是目的；理論的探討是手段，具體的實踐才是哲學的終站；對人生現狀的認知是過程，超渡到人性善的完成，才是哲學的目的。

希臘哲學給後世提示做學問的方法，同時也給後世提供人生的內容。這方法是從知識論走向形上學，再從形上學走向人生哲學；這內容就是知物、知天、知人，在對物、天、人的認知中，仍然以人為中心，使其能透過哲學的探究，能夠格物、敬天、愛人。

後世的哲學發展，從「人文主義」為中心的希臘哲學，走出人的範圍，跨到物理的領域，走向神學的探究，而發展出高度的自然科學系統和高深的神學理論。所以希臘哲學實為西洋「科學」和「宗教」發展的先聲。若要認識西洋科技或宗教，都不能對希臘哲學一無所知。

希臘哲學思想，不但深深地影響羅馬文化，也強大地影響早

期的基督教,從而影響整個西方思想界。近代哲學的思想源頭,無論是理想主義、實在主義、個人主義和社會主義都可溯源於希臘。柏拉圖的哲學是理想主義的源頭,亞里斯多德的哲學原理是實在主義的開端,普羅哥拉斯哲學為個人主義的肇端,柏拉圖的《理想國》與亞里斯多德的《政治學》,為社會主義的源頭。

以後西方各種唯物主義和唯心主義、辯證法和形而上學的思想,都是從古希臘哲學思想中發展起來的。由伊比鳩魯發展起來的原子論學說,不但是以後的唯物主義,而且是近代科學的先導;以柏拉圖、亞里斯多德為代表的古希臘辯證法思想,對黑格爾辯證法的形成有深刻的影響;蘇格拉底、柏拉圖和亞里斯多德創立的古代的系統哲學,雖然大多是唯心主義的,但其中包含的理性主義因素,在以後西方的哲學和科學文化的發展中,起過重大的作用。同時,古代希臘哲學中還出現了形形色色的唯心主義和形而上學,如詭辯論、懷疑論、神秘主義、相對主義、折衷主義以及各種頹廢沒落的人生哲學,影響著以後的各種消極思想。直到今天,二千多年前的古希臘哲學,仍舊是許多學者不斷進行研究的課題。

柏拉圖與亞里斯多德的比較

						師徒關係			社會主義的源頭
柏拉圖	觀念主義之父	理想世界	理想主義的源頭	重視宇宙論	靈魂肉體二元論		創建力強	柏氏理想國	
亞里斯多德	實在主義之父	現實世界	實在主義的開端	重視倫理學	靈魂肉體合一		組織力強	亞氏政治學	

第三章

希臘化羅馬時期

第一節　一般特徵

亞里斯多德的逝世同時象徵古代希臘哲學的衰微，這可由政治及知識兩方面來說明。

一、政治上

亞歷山大大帝率領馬其頓軍隊征服希臘城邦以及歐亞各地，使希臘城邦喪失原有獨立自主地位。亞歷山大大帝在西元前323年駕崩，也同時宣告希臘文明的結束，而希臘化時期肇始。在希臘化時期，希臘本土的學術文化隨著馬其頓軍隊遠征，傳播於歐亞各地。從某一方面來說，是希臘文明的延續；從另一方面說，是古希臘人特有創造精神的死滅。後來羅馬帝國興起以後，希臘城邦變成羅馬帝國的一省，於是希臘文明正式敲

亞歷山大用劍劈開複雜的戈耳狄俄斯之結，相傳解開此結的人將成為亞細亞之王

起喪鐘，但是在文化史上卻成為歐洲文明的搖籃。

二、知識上

亞歷山大統治的希臘帝國，被凱撒所統治的羅馬帝國所取代，政治、經濟、軍事、文化中心從雅典轉移到羅馬。羅馬人重視肉體的享受、好吃，吃飽了便到屋後，以金鉤子深入喉嚨，將胃內食物吐在屋後的盛了水的石缸中，把胃騰空了再繼續吃。羅馬人這種民族性，比較重視肉體物質的享受，不顧精神生活。所以政治、文化、經濟、軍事中心，從雅典轉移到羅馬後，羅馬文化衰退的情形，使得一些先知先覺，挺身而出，討論人性及人應如何生活？人應有哪些作為？這就是倫理學的路線。在羅馬時代，因為重實利的關係，一方面不可能研究物理，一方面也不可能研究神學，只好研究倫理學，這也是從希臘哲學過渡到中世紀哲學之間的階段，我們稱之為「希臘主義的哲學」。

哲學家們所關心的課題已經從宇宙論走上倫理學，從「知」走上「行」。以前希臘的「智者」，變成羅馬的「聖人」，修身成了一種知識，人與宇宙合為一體。希臘哲學以「知」做基礎，建立「行」的哲學；羅馬哲學，以「行」做基礎，一共有三派：斯多噶學派、伊比鳩魯學派、懷疑學派。

茲將希臘思想體系與希臘化（羅馬）思想體系做一比較：

希臘思想體系 $\begin{cases} 唯物論個人本位體系（自然哲學→自然科學）\\ 唯心論社會本位體系（宗教→倫理→觀念哲學）\end{cases}$

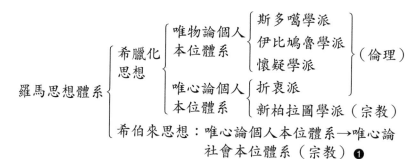

（表格參考陳水逢著，《西洋政治思想史（一）》，中央文物供應社，第 175 頁）

第二節　犬儒學派與懷疑學派

一、犬儒學派

㈠創始人

　　據說，有一天蘇格拉底站在街上，注視著一個販賣各種商品的攤子，最後他說：「這些東西中有太多根本是我不需要的啊！」這句話可作為犬儒學派的註解。犬儒學派 (Cynic) 創立於約西元前 400 年，雅典人安提塞尼斯 (Antisthenes, 445～365 B.C.) 所創，他曾受教於蘇格拉底，特別欣賞蘇格拉底節儉的生活方式。

---

❶　唯物論個人本位體系指泰利斯、亞諾芝曼德、亞諾西姆內斯。唯心論社會本位體系指蘇格拉底、柏拉圖、亞里斯多德。至於希臘化思想請看本章第二、三、四、五節。而希伯來思想則看第四章。

㈡名稱由來

　　犬儒學派大都衣衫襤褸過著艱苦無欲的生活，他們決心像一條狗一樣地生活下去，所以就被稱為「犬儒」，意思就是「像犬一樣」。他們拒絕接受一切的習俗——無論是宗教的、風尚的、服裝的、居室的、飲食的、或者禮貌的。犬儒學派特別強調，真正的幸福不是建立在外在環境的優勢（如豐裕的物質、強大的政治力量、健壯的身體）之上。真正幸福的人是不依賴這些稍縱即逝的東西的。最著名的犬儒學派人士是安提塞尼斯的弟子戴奧基尼斯 (Diogenes)，據說他住在一只木桶中，除了一襲斗篷、一支棍子、一個麵包袋之外什麼也沒有。有一天他坐在木桶旁邊曬太陽享受日光浴時，亞歷山大大帝來拜訪他，問他想要什麼恩賜？戴奧基尼斯回答道：「只要你別擋住我的太陽光！」可見戴奧基尼斯已經擁有自己想要的東西，可以自己

過得很快樂。犬儒學派相信，人們毋須擔心自己的健康，不應因生老病死而苦惱，也不必擔心別人的痛苦而讓自己活受罪。

於是，到了今天，「犬儒主義」就變成蔑視人類的真誠，對於別人的痛苦無動於衷的態度與行為。

㈢學說特色

安提塞尼斯是蘇格拉底的弟子，約長柏拉圖 20 歲，他是一個非常引人注意的人物，直到蘇格拉底死後，他還生活在蘇格拉底貴族弟子們的圈子裡，並沒有表現出任何非正統的象徵來。但是有某種東西（或者是雅典的失敗，也許是蘇格拉底之死，也許是他不喜歡哲學的詭辯）卻使得他在已經不再年輕的時候，鄙棄了他從前所重視的東西。除了純樸的善良而外，他不願意要任何東西。他結交工人，並且穿得和工人一樣。他進行露天講演，他所用的方式是沒有受過教育的人也都能理解的。一切精緻的哲學，他都認為毫無價值；凡是一個人所能知道的，普通的人也都能知道。他信仰「返於自然」，並把這種信仰貫徹得非常徹底。他主張不要政府，不要私有財產，不要婚姻，不要確定的宗教。他的弟子們（他本人則不曾）譴責奴隸制，他並不是一個嚴格的苦行主義者，但是他鄙棄奢侈與一切人為的對感官快樂的追求。他說「我寧可瘋狂也不願意歡樂」。

他對「德行」具有一種熱烈的感情，他認為和德行比較起來，俗世的財富是不值得計較的。他追求德行，並追求從欲望之下解放出來的道德自由：只要你對於幸運所賜的財貨無動於

衷，便可以從恐懼之下解放出來。我們可以看出，他的學說在這一方面是被斯多噶學派所採用了的，但是他們並沒有追隨著他摒絕文明的歡樂。他認為普羅米修斯偷火送給人類，所以就公正地受到了懲罰。在這一點上他類似道家、盧梭與托爾斯泰的自然主義態度，但是要比他們更加徹底。

　　雖然他與亞里斯多德同一個時代，但是他的學說在品質上卻屬於希臘化的時代。亞里斯多德是歡樂地正視世界的最後一個希臘哲學家；從他而後，所有的哲學家都帶有一種逃避的態度。世界是不好的，讓我們學會遺世而獨立吧！身外之物是靠不住的；它們都是幸運的賜予，而不是我們自己努力的報酬。唯有主觀的財富（即德行，或者是通過聽天由命而得到的滿足）才是可靠的。因此，唯有這些才是有智慧的人所要重視的。

　　西元前三世紀的早期，犬儒學派非常風行，尤其是在亞歷山大港。他們刊行了短篇的說教文章，指出沒有物質財產是多麼地輕鬆，飲食簡樸可以是多麼地幸福，怎樣在冬天不必穿昂貴的衣服就可以保持溫暖，對自己的家鄉依依不捨，或者悲悼自己的孩子或朋友的死亡，又是何等的愚蠢。這些通俗化的犬儒學者之中有一個叫做德勒斯的說：「我的兒子或妻子死了，那難道就有任何理由應該不顧仍然還活著的我，並且不再照顧我的財產了嗎？」通俗的犬儒主義並不教人禁絕世俗的好東西，而僅僅是對它們具有某種程度的漠不關心而已。就欠債的人來說，這可以表現出一種使他減輕自己對於債主歉疚的一種心理負擔。因此我們可以看到「玩世不恭」（「犬儒的」）這個名詞是

怎樣獲得它的日常意義的。

㈣影　響

　　犬儒派學說中最好的東西（德行）傳到了斯多噶學派裡面來，而斯多噶學派則是一種更為完備和更加圓通的哲學。

二、懷疑學派

　　懷疑學派 (The Sceptics) 是晚期希臘流行的另一個唯心主義流派，它與斯多噶學派大體上同時產生，後來流傳到羅馬佔領的廣大區域，先後有五百多年。分為晚期希臘懷疑學派和羅馬時期新懷疑學派。

㈠懷疑論老派

　　懷疑學派之成為一種學派的學說最初是由皮羅 (Pyrrho, 365～275 B.C.) 提倡的，也被稱為「皮羅主義」。皮羅隨亞歷山大的軍隊遠征到印度。除了對於以往的各種懷疑加以一定的系統化與形式化而外，他的學說裡並沒有多少新東西。

　　懷疑學派首先否認一切知識，否認人的認識能力，否認認識世界和達到真理的可能性，認為對事物既不能做肯定的回答，也不能做否定的回答。懷疑學派放棄認識與判斷的目的，是尋求心靈的寧靜，實現道德修養的最高境界「善」。皮羅說：「最高的善就是不做任何判斷，隨著這種態度而來的辨識靈魂的安寧。」

㈡懷疑論中派

懷疑論中派是柏拉圖學園中期的思想家，柏拉圖學園到了中期以後，已經開始討論語文問題，尤其是文化中每一語句的意義，因此當他們在發表自己意見的時候，總是謹慎小心，深恐別人誤會他們的本意。這種懷疑的方式，慢慢地從希臘走向羅馬，已經不再用哲學詩篇的方式，而是利用占星術的方式，以星象學命定論來表達。

懷疑論中派的結論是：理論的辯證絕對不會使人得到幸福，能夠使人得到幸福的是德行。就是自己承認只看到事物的某一面而不是知識的全體，更不一定有客觀的真理。如此懷疑論中派主張要得到幸福，就必須使用存而不論的方式保留自己的意見，與世無爭，就會過著一種平靜、毫無困擾的倫理生活。

㈢懷疑論新派

愛內西德 (Aenesidemus) 是第一位用理論反對教條主義者，也是將懷疑論的學說從希臘帶到羅馬的人。他指出我們的知識是相對性的，認為每個人的見解，會受到所處的社會環境、家庭、個性、才智、年齡及所受教育等因素的影響。

他認為古希臘的赫拉克利特的「萬物流轉」，才是宇宙事物真相的寫照。我們從事知識工作，唯有承認一切都在變動中，承認我們可以得到相對的知識，否則其他的一切都應該加以懷疑。此派完全以感覺的觀點來主張自己的學理，因此被稱為「感覺主義」(sensationalism)。

第三節　斯多噶學派

希臘化時期的兩大新學派，即斯多噶學派 (The Stoic School) 與伊比鳩魯學派 (The Epicurean School)，是同時創立的。他們的創立人芝諾和伊比鳩魯大約同時出生，並且先後在幾年之內都定居於雅典，分別作他們各自學派的領袖。我們先談斯多噶學派。

一、創始人

芝諾 (Zeno, 336～264 B.C.) 生於塞普路斯島 (Cyprus) 上的西提姆 (Citian)，是腓尼基人。他早年跟著父親從商，後來在雅典學習希臘哲學，先後受教於犬儒學派和柏拉圖學園派，西元前 308 年創立斯多噶學派。「斯多噶」原義為「彩繪裝飾廊柱的畫廊」，或多彩多姿的廳堂，這個廳堂位於雅典，很多學者在那裡講學。

斯多噶學派的哲學分為邏輯的知識論、形上學的宇宙論、價值哲學的倫理學。其中倫理學才是此派的核心課題，倫理實踐問題是此派哲人的真正興趣所在。他們以雞蛋作比喻，說邏輯的知識論是蛋殼，形上學的宇宙論是蛋白，價值哲學的倫理學是蛋黃，因為它是核心。

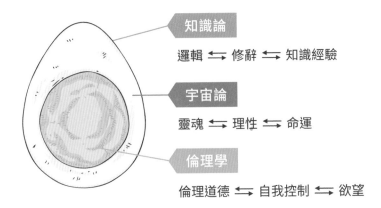

知識論

邏輯 ⇆ 修辭 ⇆ 知識經驗

宇宙論

靈魂 ⇆ 理性 ⇆ 命運

倫理學

倫理道德 ⇆ 自我控制 ⇆ 欲望

二、分　期

斯多噶學派經歷了長期的發展，從芝諾創始，下迄死於西元 180 年的羅馬皇帝奧理略 (Marcus Aurelius Antonius, 120～180) 為止。共分為三期：前期（主要是倫理的）→中期（調和的或折衷的）→後期（宗教的）。

斯多噶學派活動時間最長、影響地域最廣，信奉者中有不少是帝國君王、大臣等權貴人物，但也有奴隸。斯多噶學派宣傳苦行、禁欲、逆來順受，

奧里略發放麵包給人民（1765 年，Joseph–Marie Vien 繪）

認為一切都是神所安排的，聽從神所安排的必然命運，才是最高的美德。這些思想後來成為基督教思想的淵源之一。

㈠前　期

　　斯多噶學派雖然和伊比鳩魯學派起源於同時，但是它的學說卻歷史更長而變化更多。它的創始人──芝諾的學說（西元前三世紀早期），與奧理略的學說（西元二世紀後半葉）是截然不同的。芝諾是一個唯物主義者，他的學說多受犬儒學派的影響；但是斯多噶學派則由於滲入了柏拉圖主義（請見第五節）而逐漸放棄了唯物主義，後來終於連一點唯物主義的影子都沒有了。他們的倫理學說的確是改變得很少，而倫理學說又是大多數斯多噶學派學者所認為最主要的東西。然而後來著重點也有所轉移。隨著時間的推移，斯多噶學派關於其他的方面也講得愈來愈少，而關於倫理學以及與倫理學最有關的那些神學部分便愈來愈受到極端的強調。關於早期的斯多噶學派，他們的作品流傳下來的只有少數的片段。唯有辛尼卡 (Lucius Annaeus Seneca, 3 B.C.～65 A.D.) 和奧理略等人的作品，是完整地流傳了下來的。

　　斯多噶學派比起我們以前所探討過的任何哲學派別都更少希臘性。早期的斯多噶學派大多是敘利亞人，而晚期的斯多噶學派則大多是羅馬人。斯多噶學派與早期的純粹希臘的哲學不同，它在感情上是狹隘的，而且在某種意義上是狂熱的；但是它也包含了為當時世界所需要的，而且是希臘人所不能提供的

那些宗教的成分，特別是它能投合統治者。吉爾柏特・穆萊教授說：「幾乎所有的亞歷山大的後繼者，我們可以說芝諾以後歷代所有主要的國王，都宣稱自己是斯多噶學派。」

下面就談談斯多噶學派早期的學說：

知識論 斯多噶學派的邏輯明顯分為兩個部分：⑴修辭學；⑵辯證法。

斯多噶學派把亞里斯多德的邏輯學未盡完善之處予以補充修正。亞里斯多德的邏輯十大範疇被斯多噶學派簡化為四種。

亞里斯多德的十大範疇為：

⑴本質 (substance)：如「蘇格拉底是人」。

⑵量 (quantity)：如「蘇格拉底身高五呎七吋」。

⑶質 (quality)：如「蘇格拉底是聰明的」。

⑷關係 (relation)：如「蘇格拉底是燦蒂柏之夫」。

⑸空間 (place)：如「蘇格拉底住在雅典」。

⑹時間 (time)：如「蘇格拉底在 421 B.C. 還活著」。

⑺處境 (situation)：如「蘇格拉底四周圍著學生」。

⑻狀態 (state)：如「蘇格拉底打著赤腳」。

⑼主動 (action)：如「蘇格拉底正在跑步」。

⑽被動 (passion)：如「蘇格拉底被擊敗」。

斯多噶學派的四大範疇為：實體、屬性、狀態、關係。

斯多噶學派最有貢獻的部分就是：把「語言」和「思想」分得很清楚。不僅找到其間的差異性，還特別闡明「語言」的起源，他們認為「語言」不是「約定俗成」，而是因為自然需要

而產生的。斯多噶學派認為思想有思想律，言語也有言語的法則，它的法則是從心理學的基礎而來，知識的產生是在心靈的「白板」上印上記號。外界事物等於印章，印在我們的心靈中，產生感受，它們會分門別類，有系統、有秩序，成為記憶的資料，反覆的記憶，形成經驗，慢慢地我們將這些經驗傳授給別人，成了「語言」，從語言和思想的關係，漸漸地發展出整體的邏輯來。亦即：感覺→印象→記憶→經驗→知識。

　　斯多噶學派反對柏拉圖的先天觀念論、亞里斯多德的普遍觀念 (universal idea)。

宇宙論　採取一元的唯物論觀點，認為宇宙的一切都具有形體，沒有虛空的存在，靈魂與上帝也不外是物質的存在。早期的斯多噶學派則同意赫拉克利特的觀點，認為靈魂是由物質的火構成的。斯多噶學派又將唯物論與泛神論的主張連貫起來，主張原始的聖火就是上帝，也就是內在的理性。上帝就是宇宙的意識。宇宙的生成程序完全依照上帝的旨意進行，因此一切存在不是原始的聖火（上帝自體），便是上帝的分化狀態。宇宙生成之後，上帝與宇宙構成靈魂與肉體的關係。上帝是推動宇宙運動變化的內在力量或活動原理。宇宙的生成程序是周而復始的循環過程，上帝自體或原始聖火分化而逐次產生空氣、水、地，宇宙因此形成。但是宇宙毀滅時，必定有一場大火，燒盡宇宙的一切，復歸為火。按照大多數斯多噶學派的說法，這場燃燒並不是最後的終結，像是基督教學說中所說的世界末日那樣，而只是一度循環的結果；整個的過程將是永無休止的重演。如

此構成永劫的循環變化程序，每一時期的宇宙都是按照永恆不變的必然法則生成毀滅。因為上帝是理性的，宇宙是由理性規制，宇宙的生滅受絕對不變的必然因果法則所支配，而彰顯出秩序、和諧、美。斯多噶學派同時也用「命運」概念表現必然性支配宇宙的意義，「命運」與「天意」原是上帝的兩面。

斯多噶學派強調善人的靈魂，在肉體死亡之後，停留在某一地點，等待第二次降生的來臨，如此斯多噶學派又接受畢達哥拉斯學派輪迴的學說。這種輪迴的學說，不再是個人的輪迴，是整個世界的輪迴。整個世界輪迴的目的，是從壞的方面慢慢轉變成好的方面，而我們的世界也漸漸地走向十全十美的目的。

倫理學　斯多噶學派認為唯有人能夠節制自己，他才真正地稱得上是自由的人。因為人有自由，所以必須為自己的行為負責，才有倫理道德可言。人的價值，就是能夠節制自己、克制自己的欲望。因此人生的目的在於節制自己對外界的欲望、節制自己對功名利祿的追求，找尋內心的平安和幸福。這種平安和幸福，就是人與物之間、人與人之間、人與神之間的關係。

如果人沒有什麼欲望，沒有物質的貪求，不去追求外在的功名利祿，不追求上帝必須賜福給他，就可以找到內心的平安和幸福。靈魂的平安是斯多噶學派認為最大的幸福。這種幸福在於袪除所有欲望，在人與物的關係中，與宇宙萬物合為一體；在與人的交往中，與他人的心靈合成一體；與神的交往中，和神的旨意聯合，形成「天地與我並生，萬物與我合一」。由此可見斯多噶學派的倫理學與宇宙論配合起來，整個大自然是和諧

的，人與大自然合一，內心得到平安和幸福。所以斯多噶學派
的倫理道德目標，就是設法與自然合一，而與自然合一的最大
障礙便是私欲，因此倫理道德的第一要務，就是克制私欲。

斯多噶學派認為有德行的人是克制私欲的人，會克制私欲
的人，便是智者。因此斯多噶學派的倫理比較重視實踐的倫理。
比如在政治學上、在群體生活上，斯多噶學派特別強調個人的
存在，不是為了個人，而是為了群體。人在某一方面都有親戚
關係，雖然斯多噶學派主張克制欲望，過刻苦的生活，但是他
們仍然重視婚姻、交友和組織。因為他們認為整個宇宙本來就
是一體，整個宇宙同有一個理性，同有一個靈魂，因此國家的
組織或社團的組織都是需要的，所有組織真正表現出人與人之
間原來都是兄弟。因為人與人之間原來都是兄弟，所以他們在
社會制度中，極力反對奴隸制度，奴隸制度是特權階級不自制
的證明，這種因為沒有自制而產生出來的制度，藐視人的尊嚴
和價值，對人與大自然走向合而為一、完美境界是個絆腳石。

芝諾構想了一個政治性的「理想國」，人與人之間都是兄弟
手足，整個世界融合在「大同」的思想之內，所以一切的法律、
廟堂和學校都是不必要的，所需要的是教人如何淨空思緒、如
何節制自己。他們認為哲學和宗教是一體的兩面，因此所有的
哲學家在他們看來，也是宗教家。他們特別指出無神論者是世
界上最愚笨的人。

芝諾以及羅馬的斯多噶學派把一切理論的研究都看成是附
屬於倫理學的。芝諾說哲學就像是一個果樹園，在那裡面邏輯

學就是牆，物理學就是樹，而倫理學則是果實；或者又像是一個蛋，邏輯學就是蛋殼，物理學就是蛋白，而倫理學則是蛋黃。

㈡中　期

　　希臘人的哲學以「知」為中心，追求「智慧」，要做個「智者」；羅馬人的哲學以「行」為中心，追求「名譽」，要做個「聖人」。羅馬人追求「名譽」，加上希臘人的「智慧」，形成以「自我」為中心的學說。斯多噶學派所探討的對象，也就是以「自我」作為中心，把「自我」所有的私欲偏情激發出來，藉由人的理性反省自我的存在，看到宇宙的存在法則，看到自己的思想法則，看到自己對倫理道德的意見。這個時期的思想特色是把希臘思想帶入羅馬思想之中，為了適應羅馬帝國學者的心態，因此稍稍改變雅典時代的思想，多多少少顧及了羅馬人的自尊。他們在倫理學上的發展自我的認識，以及在自己的心中，找尋宇宙的法則。

㈢後　期

　　斯多噶學派認為人的理性與宇宙的理性是相符的，也就是說斯多噶學派注重人與宇宙的合一，辛尼卡發現宇宙運行變化的現象，代表人的吉凶。它最大的貢獻是他的箴言，每一句箴言都充滿人生的智慧，鼓勵人心向上的真理、人生在世的做人道理。

　　奧理略的思想，提倡觀察宇宙萬象之後，利用得出的原理

原則，回歸內心而實行。認清內心的欲望，若與大自然規律相吻合，則此欲望是正確的。如果認為和大自然規律不吻合，使我們心亂如麻，則是不正確的，應該用克制的功夫把它消除掉。

可見後期的斯多噶學派，主要不是消極地克制，而是積極認清自己，認清自己在宇宙中的地位，如何使自己與宇宙合而為一。

對於一個斯多噶主義者來說，德行的本身就是目的，而不是某種行善的手段。

總之，犬儒學派的觀點要比任何其他學派的觀點都更投合奧理略的胃口，但他卻多少是一個折衷主義者。柏拉圖的弟子們指責他剽竊了學園的學說。在整個斯多噶學派的歷史上，蘇格拉底始終是他們主要的聖人：蘇格拉底受審時的態度；他之所以拒絕逃亡，他之所以視死如歸；他那關於幹了不正義的勾當的人對自己要比對別人傷害得更大的說法，這一切都完全與斯多噶學派的教訓吻合。蘇格拉底對於冷暖的不聞不問、他在衣食方面的樸素，以及他的完全摒棄一切肉體的享受，也同樣是如此。但是斯多噶學派卻從不曾採用柏拉圖的觀念論，而且大多數的斯多噶學派也反對柏拉圖關於靈魂不朽的論證。只有晚期的斯多噶學派才追隨柏拉圖學說，把靈魂認為是非物質的；而芝諾對於形而上學的玄虛是沒有耐心的。他所認為重要的只是德行；他之重視物理學與形而上學，也僅僅在於它們有助於德行。

斯多噶學派的哲學中有兩種相反的趨勢：

1.以道德入社會——得公正、愛人社交或大同主義。

2.遠離社會——以求精神之自由。

這兩種趨勢常常是相合的（兩者皆達到精神自由），由下表可見：

斯多噶學派哲學的兩種趨勢

入社會（可視為入世）	脫離社會（可視為出世）
正義與愛	精神自由與快樂
世界的市民	慧者
道德的關係與等差	絕對的善與絕對的惡
道德有時要看條件	只有知識是道德
個人須服從命運	個人須造就命運

三、特　色

㈠人本主義

斯多噶學派人士極富時代精神，思想非常開放，他們比那些「木桶哲學家」（犬儒學派）更能接受當代文化，他們呼籲人們發揮「民胞物與」的精神，也非常關心政治。他們有許多人後來都成為活躍的政治家，其中最有名的是羅馬皇帝奧理略、演說家西塞羅 (Marcus Tullius Cicero, 106～43 B.C.)、辛尼卡。

辛尼卡曾說:「對人類而言,人是神聖的。」這句話從此成為人本主義的口號。

㈡冷靜不會感情用事

斯多噶學派強調所有的自然現象,如生老病死都是大自然的法則,人必須學習接受自己的命運,沒有任何事物是偶然發生的,每件事物的發生都有其必然性。因此當命運之神降臨時,抱怨也沒有用;也不必為生活中的歡樂事物所動。在此一方面他們的觀點與犬儒學派相似,認為外在事物一點也不重要。到了今天,我們用「斯多噶式的冷靜」來形容那些不會感情用事的人。

四、影　響

㈠世界主義

斯多噶學派極力宣揚階級調和論,他們宣稱人人都是上帝的子民,人與人都是兄弟,行走在同一天空之中,呼吸著同樣的空氣,都是「世界公民」。因此彼此間要和諧相處,對別人要忍讓、寬恕,甚至對敵人也不要以惡報惡。它所倡導的順從、忍耐、禁欲、寬恕等理念,為基督教教義的產生,奠定了某些思想的基礎。

㈡笛卡兒的演繹法

雖然斯多噶學派的主要重點是在倫理方面，但是他們的教導有兩個方面在其他的領域裡是產生了結果的。一個方面是知識論，另一個方面是自然律和天賦人權的學說。

在知識論方面：他們不顧柏拉圖而接受了知覺作用；他們認為受感官誤導而造成錯誤的判斷，只要稍微用心一點就可以避免。有一個斯多噶學派的哲學家，即芝諾的及門弟子斯非魯斯，曾被國王托勒密請去宴會，國王在傾聽了這種學說之後，送給了他一個蠟做的石榴。這位哲學家想要吃這個石榴，於是國王就笑他。他就回答說，他不能確定它是不是一個真石榴，但是他認為在王宮的筵席上任何不能吃的東西大概是不會拿上來的。他的這段答話就是援用斯多噶學派對於那些根據知覺可以確切知道的事物，與那些根據知覺僅僅是或然的事物，這二者之間所做的區別的。總的說來，這種學說是健康的、科學的。

他們在知識論方面的另一種學說影響就更大，但問題也更多。那就是他們相信先驗的觀念與原則。希臘的邏輯完全是演繹的，這就發生了關於最初的前提的問題。最初的前提必須是，至少部分地必須是普遍的，而且又沒有方法可以證明它們。斯多噶學派認為有某些原則是明白得透亮的，是一切人都承認的；這些原則就可以作為演繹的基礎，像在歐幾里德的《幾何原本》一書裡那樣。同樣地，先驗的觀念也可以作為定義的出發點。這種觀點是被整個的中世紀，甚至於是被笛卡兒所接受了的。

(三)平等主義

　　十六、十七、十八世紀所出現的那種天賦人權的學說也是斯多噶學派學說的復活。斯多噶學派區別了自然法與民族法：自然法是從那種被認為是存在於一切普遍知識的背後的最初原則裡面得出來的。斯多噶學派認為，一切人天生都是平等的。奧理略在他的《沉思錄》一書裡擁護「一種能使一切人都有同一法律的政體，一種能依據平等的權利與平等的言論自由而治國的政體，一種最能尊敬被統治者的自由的君主政府」。這是一種在羅馬帝國不可能徹底實現的理想，但是它卻影響了立法，特別是改善了婦女與奴隸的地位。基督教在接受斯多噶學派的許多東西的同時，也接受斯多噶學說中的這一部分。最後到了十七世紀，向專制主義進行有效抗爭的時機終於到來了，於是斯多噶學派關於自然法與天賦平等的學說就披上了基督教的外衣，並且獲得了在古代甚至於是一個皇帝也不能賦予它的那種實際的力量。

　　斯多噶學派的博愛主義、平等主義、和平主義、人道主義、世界主義，是緩和當時以及以後各世紀的緊張氣氛的重要因素。

第四節　伊比鳩魯學派

一、格　言

　　・求知不是目的，人生才是目的。

- 醫學知識若對身體的疾病不能治療就毫無用處，一樣地，哲學若不能祛除靈魂的痛苦也是毫無用處的。
- 快樂就是有福的生活的開端與歸宿。
- 神不足懼，死不足憂，禍苦易忍，福樂易求。

二、創始人

　　伊比鳩魯 (Epicurus, 342～270 B.C.) 生於小亞細亞的薩摩斯 (Samos)，從 14 歲開始研究哲學。在 18 歲的時候，即約當亞歷山大逝世的時候，他來到了雅典，研究德謨克利特 (Democritus, 460～356 B.C.) 的原子論和柏拉圖、亞里斯多德的著作。伊比鳩魯著作豐富，但整整三百卷書多已散佚，他的著作除了三封書信、一些作品的片段外，其餘的都沒有流傳下來。

　　西元前 307 年，伊比鳩魯在雅典創立了他的學校，他就在花園裡講學，因此這個學派被稱為「花園哲學家」，伊比鳩魯的學校招收奴隸和婦女。伊比鳩魯終生都受著疾病的折磨，但他學會了以極大的勇氣去承擔它，最早提出了一個人被鞭撻的時候也可以幸福的說法。

德謨克利特處世開朗，被稱為笑的哲學家

「快樂」是什麼

1. 「快樂」是伊比鳩魯學說的目的和核心。

2. 「快樂」的涵義（從消極方面說）是沒有痛苦。包括身體的健康在內，但主要是指心靈的平靜。心靈的平靜主要是指排除對神、死的恐懼，還有對肉體方面的痛苦不必看得過於嚴重，認為它是易於忍受的意思。總的來說，「快樂」是容易達到的。

3. 擺脫痛苦與恐懼，就是自由。在此基礎上，伊比鳩魯也有對快樂的積極主張，他認為友愛是人所能得到的最大快樂。

4. 「快樂」是幸福的同義語。

5. 「快樂」就是善，因為沒有一種快樂本身是壞的。

6. 但是有些快樂會帶來比它大的痛苦，得不償失；有些痛苦在加以忍受後又會帶來更大的快樂。所以「審慎」是最大的善，是一切美德的來源。

7. 哲學應當是為了人在生活中得到這種快樂和幸福的學說。離開這個目的的哲學是沒有意義的。

三、學　說

在哲學史上伊比鳩魯以快樂主義倫理觀及原子論聞名，兩者都不是伊比鳩魯獨創的理論，但他修正後加上自己的見解，體系化而成為一種具有宗教色彩的實踐哲學。

㈠快樂主義的倫理觀

伊比鳩魯不同意某些快樂主義的前人們區別開積極的與消極的快樂，或動態的與靜態的快樂。動態的快樂就在於獲得了

一種所渴望的目的，而在這以前的願望是伴隨著痛苦的。靜態的快樂就在於一種平衡狀態，它是那樣一種事物狀態存在的結果，如果沒有這種狀態存在時，我們就會渴望它。我們可以說，當對飢餓的滿足在進行的時候，它就是一種動態的快樂；但是當飢餓已經完全滿足之後而出現的那種寂靜狀態就是一種靜態的快樂。在這兩種之中，伊比鳩魯認為還是追求第二種更為審慎一些，因為它沒有摻雜別的東西，而且也不必依靠痛苦的存在作為對渴望的一種刺激。當身體處於平衡狀態的時候，就沒有痛苦；所以我們應該要求平衡，要求安寧的快樂而不要求激烈的歡樂。看起來如果可能的話，伊比鳩魯會願意永遠處於飲食有節的狀態，而不願處於大吃大喝的狀態。性愛，作為最「動態」的快樂之一，自然是被禁止的。

㈡宇宙論──原子論哲學

原子有重量的區別　伊比鳩魯是一個唯物論者，認為宇宙一切都是由原子構成的，不僅有形狀和大小的不同，還有重量的不同。量的多寡成為物體運動變化的原則，也就形成所有存在物的方位，因為其方位的不同，造成存在物的各種等級。他追隨德謨克利特，相信世界是由原子和虛空構成的；但是他並不像德謨克利特那樣相信原子永遠是被自然律所完全控制著的。

原子是不可分的物質微粒　德謨克利特認為原子是不可分的物質微粒，又認為原子在大小、形狀上是無限的。但伊比鳩魯認為原子在數量上是無限的，但在體積和形狀上是有限的。

原子運動的偏離說　伊比鳩魯認為原子在平行垂直下降運動中，因內部原因，可以自動脫離原來直線軌道，向旁邊做偏斜運動。正是這種偏斜運動，使原子相互碰撞、結合，形成世界萬物。他認為原子運動是偶然性的，而非德謨克利特所說的必然性，這一種思想在當時為論證人的自由的合理性時，反對宿命論，提供了理論依據。

　　靈魂——原子佈滿著整個的身體。感覺是由於身體所投射出去的薄膜，觸到了靈魂——原子的緣故。這些薄膜在它們原來出發的身體解體以後，仍然可以繼續存在；這就可以解釋做夢。死後靈魂消散，而它的原子（這些原子當然是繼續存在的）就不能再有感覺，因為它們已不再與身體聯繫在一起了。因此，用伊比鳩魯的話來說就是：「死與我們無關，因為凡是消散了的都沒有感覺，而凡是沒有感覺的都與我們無關。」

㈢知識論

　　伊比鳩魯學派的知識論，是用柏拉圖和亞里斯多德的學說做藍本。一方面用辯證法，一方面用邏輯。至於知識的內容則採取亞里斯多德的學說，認為感官作用才是我們知識的來源。感官世界是我們知識的對象，感官得來的知識是最直接、清晰明瞭的，因此感官的知識是最可靠的。如此看來伊比鳩魯的知識論類似唯物論或經驗主義，其實不盡然，但是伊比鳩魯認為認識的主體具有兩個面向，而且是統合在一起的，它既是理性的也是感官的。這種知識的方法，影響西洋後世相當深。

　　有智慧的人必定努力使生活沒沒無聞，這樣才可以沒有敵人。

　　依伊比鳩魯看來，最可靠的社會快樂就是友誼。據西塞羅說，他認為「友誼與快樂是分不開的，因為這種緣故所以就必須培養友誼，因為沒有友誼我們就不能安然無懼地生活，也不能快樂地生活」。少吃，因為怕消化不良；少喝，因為怕第二天早晨醒不了；避開政治和愛情以及一切感情的活動；不要結婚生子，以免喪失親人；在你的心靈生活上，要使自己學會觀賞快樂而不要觀賞痛苦。身體的痛苦顯然是一件大壞事；但是如果身體痛苦得很厲害，快樂就會很短暫；如果它的時間拖得很長，那麼就可以靠著心靈的訓練以及不顧痛苦而只想念幸福事物的那種習慣來加以忍受。最重要的是，要生活得能避免恐懼。

受海浪驚嚇的少女開始祈禱，反映「宗教」與「死亡」兩者的關聯（1852年，Ferdinand Victor Eugène Delacroix 繪）

　　正是由於這個避免恐懼的問題，伊比鳩魯才被引到了理論哲學。他認為恐懼的兩大根源就是「宗教」與「死亡」，而這兩者又是相關聯的，因為宗教鼓勵了認為死者不幸的那種見解。所以他就追求一種可以證明神不能干預人事，而靈魂又是隨著身體而一併消滅的形而上學。絕大多數的近代人都把宗教想成是一種安慰，但是對於伊比鳩魯則恰好相反。超自然對自然過程的干預，在他看來乃是恐怖的一個來源，而靈魂不朽又是對希望能解脫於痛苦的一個致命傷。於是他就創造了一種精巧的學說，要來治療人們的那些可以激起恐懼的信仰。

　　至於神，伊比鳩魯堅決相信祂們的存在，但是他深信神自身並不過問我們人世的事情。當然，通神、占卜以及所有這類的行為純粹都是迷信，信仰天命也是迷信。所以並沒有任何理由要害怕我們會觸惹神的震怒，或者害怕我們死後會在陰間受苦。雖然我們要服從自然的威力，然而我們仍然有自由意志，並且在某些限度之內，我們乃是我們自己命運的主人。我們不能逃避死亡，但是死亡並不是壞事。如果我們能按照伊比鳩魯的箴言審慎地生活下去的話，我們或許能成就一定程度的免於痛苦的自由。

　　伊比鳩魯的時代是一個勞苦倦極的時代，甚至於連死滅也可以成為一種值得歡迎的、能解除精神苦痛的安息。但相反地，共和國末期對大多數羅馬人來說，卻並不是一個幻滅的時代；具有巨人般的精力的人們，正在從混亂之中創造出來一種為馬其頓人所未能創造的新秩序。

伊比鳩魯的福音在任何時候也不能得到廣泛的流傳，它始終只是少數有教養的人的信條。甚至於在哲學家們中間，自從奧古斯都的時代以後，也都是照例擁護斯多噶學派而反對伊比鳩魯學派的。的確，自從伊比鳩魯死後，伊比鳩魯學派儘管日益萎縮，但仍然存在了六百年之久；可是隨著人們日益受到現世生活的不幸壓迫後，他們也就不斷地向宗教或哲學裡要求著更強烈的丹藥。哲學家們除了少數例外，都逃到新柏拉圖主義裡面去了；而沒有受教育的人們便走入各種各樣的東方的迷信，後來又越來越多地走入基督教。基督教在其早期的形式是把一切美好都擺在死後的生活裡的，因此就給人們提供了一種與伊比鳩魯的福音恰好相反的福音。然而與伊比鳩魯非常相似的各種學說，卻在十八世紀末葉被法國的哲學家們所復活了，並且被邊沁及其後學們傳到英國來；這是有意地要反對基督教而這樣做的，因為這些人對基督教的敵對態度和伊比鳩魯對他當時的宗教是一樣的。

從此可見，伊比鳩魯的人生觀、政治哲學和社會演進論，屬純唯物論派，以自我主義為中心，以享樂主義為理想，以契約論為基礎，是希臘當時環境所產生的遁世主義。

四、影　響

㈠開契約論之先河

後來的國家之社會契約學說，乃由此肇端，然在當時尚未發生影響，迨至霍布斯、洛克、盧梭等時代，契約說始大為盛行。

㈡提倡功利主義與個人主義之先聲

主張趨樂避害，於是個人主義遂取代城邦愛國主義。伊氏的功利主義與邊沁的功利主義有別，皆追求快樂，但伊氏是精神的、消極的、出世的。邊沁是偏物質的、積極的、入世的。

㈢世界主義的萌芽

因希臘化時代出現，形成希臘化文化，而促使世界主義萌芽。

斯多噶學派與伊比鳩魯學派的比較

	斯多噶學派	伊比鳩魯學派
相同點	在實際哲學上目的一致	
	為個人求精神平安	
	為個人求對於世界之獨立（即不為物界所裁制）	
	兩派都承認一般人所崇拜的神	
相異點	普遍法則超越一切	個人超越一切
	人是思想的動物	人是感情的動物
	壓制個人之感情則可以獨立	感情理想化則可以獨立
	宗教的	非宗教的
	世界是道德的秩序	世界是機械的秩序
	全體支配並決定個體	全體是個體的作用的結果
	世界是一切內在理性的表現	世界是原子的結合

㈣不重視政府型態

教人服從任何政府，只要其是能維持和平與秩序的政府即可。

第五節　折衷主義與新柏拉圖主義

一、折衷主義

㈠代表學者

羅馬共和末期出現折衷主義 (Eclectics) 思潮，代表學者是西塞羅 (Marcus Tullius Cicero, 106～43 B.C.)，他是政治家、思想家、名演說家，著有《神性論》、《論目的》、《論國家》等。

㈡學　說

靈魂不死和禁欲主義　西塞羅的哲學是古代希臘各種唯心主義，主要是柏拉圖派、斯多噶學派唯心主義的拼湊，並以此反對原子唯物論。他認為伊比鳩魯的原子論是子虛烏有，世界上一切事物的生滅都是自然安排的，他的自然就是神，他要人們相信自然、服從自然，就是服從神

閱讀中的年幼西塞羅（1464 年，Vincenzo Foppa 繪）

或天命。在他那裡，一切都由天命決定，非人力所強求。

　　西塞羅主張靈魂不死和禁欲主義。認為人死後靈魂離開了軀殼便歸到天府，若靈魂是有美德而且公正的，就可以順利升天。他要人們把追求幸福的希望寄託在死後的天國，而在現實世界中忍受苦難和奴役，聽從命運的安排，排除對物質利益的追求。西塞羅的這種與神秘主義結合的禁欲主義，目的是為使下層勞動人民甘於被貴族壓迫的地位，放棄對現實幸福的追求。

回憶說和懷疑學派　在認識論上：西塞羅反對樸素唯物主義的反映論，宣揚柏拉圖的回憶說。認為人生而具有「天賦意念」，通過回憶，就可獲得認識。他說：「小孩子學習很難的事物，很快就學會了，好像不是初次學習，而是喚起過去的記憶一般，

西塞羅指責計畫政變的喀提林

這就是絕好的理由證明人的許多知識是在有生以前就有的。」

　　他還鼓吹懷疑學派，認為一切知識只有概然性，沒有確定性，對一切意見都可說是「是」或「否」，因此他主張放棄對事物的判斷。

　　西塞羅在政治上竭力維護貴族的專制統治，反對違背「天命」的抗爭；但另一方面卻又鼓吹人民有自由參政的機會。

二、新柏拉圖主義

㈠產生背景

　　在羅馬繁衍的希臘思想，雖以倫理問題為中心發展，但其內觀傾向，並不以倫理滿足，滲入宗教，成為學者的宗教。

㈡學說淵源

　　以柏拉圖的思想為骨幹，吸取「希臘猶太哲學」、「知識主義」、「新畢達哥拉斯主義」的部分學理。新柏拉圖主義 (Neo-Platonism) 的「新」，就是採取他派哲學思想的優點，彌補柏拉圖哲學思想上的弱點，因為柏拉圖哲學理性強、神性弱，其觀念世界的永久存在，是一個模糊不清的原理。而柏拉圖主義的復甦，以新的姿態，強調哲學中的神性問題。其思想重點為：

　　1.萬物皆來自造物主，由造物主內發出。

　　2.人的靈魂回歸造物主。

㈢派 別

哲學性新柏拉圖主義 代表學者是普羅丁 (Plotinus, 205～270)，生於埃及，先在亞歷山大城讀書，得西洋哲學思想；後從軍到波斯，又得東方宗教思想；最後到羅馬，建立學校，從事教學立說的工作。

他的哲學思想完全是宗教性的，以創造主為哲學中心。其學理如下：

⑴太一說：創造主是「太一」，「太一」是萬物本源，無形無像，不受任何限制，超越一切。非物質非精神，非心智非靈魂，不運動不靜止，不在時間與空間中，這個神秘的存在實際上是「神」。

⑵流溢說：①「太一」流溢出「心智」。②「心智」流溢出「靈魂」。③「靈魂」成為物質質料的形式。

於是產生萬物與整個感覺的世界。顯然這是一種拼湊的客觀唯心主義。

⑶靈魂解脫說：普羅丁認為從「太一」到心智、靈魂、物質的流溢過程，是個由高到低的墮落過程，物質世界因為距離「太一」最遠、最低級而成為一切邪惡之源。所以他主張人要擺脫物質世界，使自己的靈魂返回「太一」。

步驟如下：①淨化靈魂階段：擺脫物欲，使靈魂與心智合一。②理性沉思階段：這一階段是純概念性活動。③直覺階段：憑直覺、頓悟、出神等非理性方式，達到靈魂、心智與「太一」的合一境界。

　　普羅丁的神秘哲學對天主教產生很大的影響，聖奧古斯丁、聖方濟學派等，都主張以靜默的直觀，與天主相結合。

神秘性新柏拉圖主義　建築在「信仰」之上，代表學者是普羅丁的弟子波費留(Prophyrius, 232～305)，他的思想重點是「戒齋淨身，克己修行，使人的靈魂超越感覺與神的神秘性相結合」。他認為哲學是幫助人得救的，哲學家應該潔身自愛，將人生

波費留畫像

的目標由下界移向上界，而度神修的靜觀生活。

　　波費留將人的德行分四級：

　　⑴處世之德：順從理性指導，約束私欲偏情，以中庸之道與人相處。此乃四德之中最低者。

　　⑵心靜之德：無欲求，淡泊自足，處不動心之境。

　　⑶向善之德：心靈聽從「智」的指引，以「智」為生活的目標典範。

　　⑷結合之德：靈魂與「智」相結合為一，靈魂完全脫離肉體與物質的影響，達到超越之境。

　　波費留主張人應修德向善，步步高升，由低級到高級，由第一級到第四級。所以人該修道，如不吃肉、絕色情、少娛樂。因為上主不重視人的聰明，而重視人的善行；不重視人的職權地位，而重視人所有的聖善生活。

亞里斯多德式新柏拉圖主義　此時採取亞里斯多德的哲學思想來調和新柏拉圖主義。

西洋哲學開始於希臘的雅典，學園林立、思想複雜。羅馬帝國興起後，希臘哲學外遷，羅馬與亞歷山大城，都有哲學思想的存在。自新柏拉圖主義興起後，環境又在變遷，思想的潮流，從亞歷山大城移往羅馬，又回到希臘的雅典城，而哲學思想也由鼎盛轉往衰弱。君士坦丁大帝在 529 年下令封閉雅典所有學園，640 年阿拉伯人又佔領了亞歷山大城，毀滅了該城的圖書館及學校，使希臘的理性哲學完全結束，相隨著宗教性的教父哲學興起。因為希臘末期的思想中心是：

1.萬物來自造物主。

2.人當歸回造物主，此正是教父哲學的中心思想。

世事的變遷像有規律的循環，希臘哲學由雅典開始，其結束也在雅典。希臘哲學的高峰，由亞里斯多德所創，其末期思想的結束，仍回到亞里斯多德身上，真可謂落葉歸根，有始有終了。

第四章

中世紀哲學

　　中世紀是指西元 476 年羅馬帝國滅亡，到 1453 年拜占庭帝國滅亡，五世紀至十五世紀的一千年間。這個時期教會勢力異常強大，基督教神學在意識型態領域內佔著絕對統治的地位，甚至控制整個社會生活，自然科學根本談不到，哲學只能作為「神學的科目」，為神學服務，被稱為「神學的婢女」。

　　中世紀哲學的分類：

中世紀哲學 { 教父哲學（重實行）
　　　　　　士林哲學（重理論） { 早期士林哲學
　　　　　　　　　　　　　　　　士林哲學全盛期 } 又名經院哲學
　　　　　　　　　　　　　　　　後期士林哲學

哲學發展史

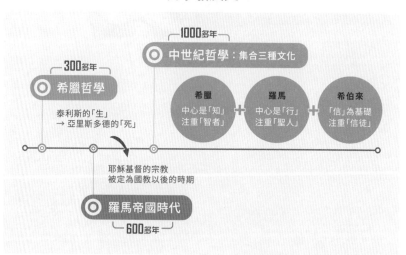

第一節　教父哲學

一、教父哲學的主要內容

㈠教父哲學

教父哲學 (Philosophia Patristica) 貫通了希伯來的信仰、希臘的辯證、羅馬的修辭。希伯來的信仰是指新教的《聖經》和舊教的《舊約》；希臘的辯證是指希臘哲學家的形上學方法；羅馬的修辭是指用希臘文或拉丁文寫成的辯論形式。教父哲學包含這三種。

聖母瑪利亞的加冕，由正上方鴿子型態的聖靈，與聖父、聖子一同執行（1636年，Diego Velázquez 繪）

上帝分開光與暗，創造日月星辰（西斯汀禮拜堂天花板上的壁畫，米開朗基羅繪）

　　教父哲學的主要內容如下：

三位一體說　此一教義認為，上帝是一個有智慧、有意志、有感情的人格神，祂在本體上是一體的，在位格上則是三位。上帝同時是聖父、聖子、聖靈，此說法的目的就是要將上帝、耶穌、教會連在一起。

創世說　此一教義認為，上帝是全智全能的造物主，世界上的一切包括人在內都是上帝從虛無中創造出來的。因此，宇宙間的一切存在物、人世間的等級秩序，都是上帝預先安排好的，都是上帝按照自己的目的建立的。

原罪說　此一教義認為，上帝最先創造了亞當和夏娃，讓他倆在伊甸園（天堂裡的花園）中自由自在地生活，由於蛇的引誘，使他們違抗了上帝的旨令，偷吃了智慧樹上長出的智慧果，因而犯了罪，這種罪由他們傳給世世代代，被稱為人類的「原罪」。因此每一個人生下來就是有罪的，注定要在世上受到苦難

和懲罰。

救贖說　此一教義認為，世人受苦受難需要拯救，但人不能自救，只能指望上帝派遣救世主──耶穌基督降世，才能拯救世人。上帝及其獨生子耶穌，在地上的代表是教會，因此教會是神與人之間的中介，只有通過教會，人才得以救贖，也就是贖回自己的原罪，獲得解救。

天國報應說　此一教義認為，人們要使自己得救，死後升入天堂，享受永恆的幸福，就必須在現世生活中絕情去欲，拋卻人生享受，安分守己，聽天順命。否則，死後就要被打入地獄，遭受永恆的懲罰。

天啟說　此一教義認為，人們的理性要服從信仰，信仰來自上帝的啟示（「天啟」），《聖經》就是上帝啟示的紀錄，人們的一切言行都要以《聖經》為準則。

　　由上述可見，教父哲學是一種道道地地的宗教神學。

㈡教　父

　　教父分為兩種：一是希臘教父，以希臘文寫作；二是拉丁教父，以拉丁文寫作。在當時以希臘文寫作的是較有深度的思想家，因為當時的學術文字，仍以希臘文為主。拉丁文是一般民眾的語言，所以用拉丁文寫作的教父，大都重視傳道和具體生活的一面。

希臘教父　希臘教父以希臘文著作，而希臘文是希臘文化的產品，經過希臘許多哲學家共同創造出來的，所以特別重視宇宙

問題：上帝與宇宙的關係、人與宇宙的關係。希望透過人對宇宙的體認，去認識上帝，希望人透過生存在宇宙的情操，找到與上帝結合的一條通路。

　　希臘教會認為上帝、宇宙和人可以成為另一種三位一體。

拉丁教父　拉丁教父以拉丁文著作，而拉丁文是羅馬文化的產品，羅馬文化重視人、重視辯論，因此拉丁教父重視的問題中心是：人與上帝之間的關係，應該是人和人之間的關係。

　　拉丁教會認為上帝是我們交談的對象、訴說的對象及祈禱的對象。這兩種教父努力創造出來的體系，成為中世紀哲學的高峰哲學叫士林哲學，初期有很多不同的見解和思想，漸漸地教會加以澄清、編纂，直到十三世紀才蔚為一種體系，由多瑪斯集大成。

　　教父哲學的內容和目的，是以「護教」為宗旨，但方法是哲學的，提出問題的方法以及解答問題的方法，都不是啟示的，而是純思考的。教父哲學的最大成就，是嘗試用希臘哲學體系來解釋《聖經》，用理性解釋啟示，用哲學解釋神學。教父哲學中最負盛名的就是聖奧古斯丁。

二、代表人物——聖奧古斯丁

㈠生　平

信教前的聖奧古斯丁　聖奧古斯丁 (Aurelius Augustinus, 354～430) 出生於北非的一個小城塔卡斯特 (Thagaste)，父親是一個性情凶暴、放縱情欲的富商，母親則是一個虔誠的基督徒。所

以他的血液中混合著縱欲和
追求真理兩種性情，纏鬥不
休。13 歲那年，聖奧古斯丁
前往離他出生地不遠的烏拉
市，學習古典文學和修辭學、
雄辯術。15 歲那年，聖奧古
斯丁由於家庭的關係而暫時
休學，開始了放蕩的生活。
16 歲時，赴迦太基遊學。迦

聖奧古斯丁（十六世紀上半葉，
Attributed to Gerard Seghers）

太基淫風盛行，聖奧古斯丁耽溺於放縱的生活，並與一名女子
同居，生了一個孩子，但是聖奧古斯丁的母親反對他倆正式結
婚。19 歲時，他閱讀了作為雄辯術教材的西塞羅名著，並且深
受感動，此書喚醒了他對真理的熱愛。這本書的內容是讚美哲
學，認為哲學勝過雄辯術。聖奧古斯丁的智慧之愛因而被喚醒，
曾說：「決心將一生奉獻於追求真理。」所謂真理，就是上帝，
所以追求真理即是追求上帝；他開始讀《聖經》，但對《聖經》
單純的文體，又缺乏哲學性的內容，感到失望。

　　他曾一度傾向摩尼教信仰及學院派的懷疑論。摩尼教在北
非非常盛行，自稱是唯一真正的基督教。尤其是摩尼教強調的
善惡二原理的尖銳對立，似乎說明了他內心的鬥爭。在往後的
九年聖奧古斯丁成為摩尼教徒，並且帶領一些人進入這個教派。

　　20 歲的聖奧古斯丁在完成學業後回到出生地，但因同居的
婦人以及宗教上的問題，與母親爭吵而母子失和。22 歲時，他

開始在迦太基教授雄辯術,並且埋首研讀自然學家以及占星家的著作,這些擴大了他的視野。

　　26 歲時執筆寫一篇論文〈美與均衡〉,此篇是聖奧古斯丁的處女作,可惜未能流傳。29 歲時結束在迦太基的教職,前往羅馬。結果他在羅馬罹患重病,身體十分虛弱,對發現真理的可能性感到絕望,開始對學院派的懷疑論產生共鳴。

信教後的聖奧古斯丁　30 歲時,擔任米蘭國立學校的雄辯術及修辭學教授。同年夏天抵達米蘭,訪問主教安普羅休斯,聽到他的佈道,深受感動,而且欽仰他的人格,從他那裡學習天主教的信仰。

　　32 歲,他從安普羅休斯的恩師辛普利齊亞努斯處聽到「維克特里努斯悔悟的故事」,引發他悔悟的動機,並且決心為神奉

聖奧古斯丁在花園中看見神跡而悔悟信教(1435 年,Fra Angelico 繪)

獻一切。執筆撰寫《學院派反駁論》、《秩序論》、《自語錄》、《幸福生活》。

33 歲時，從安普羅休斯處受洗，這是他生命中最重要的轉捩點。著作有《靈魂不死》、《靈魂大小》等；同時開始寫《音樂論》、《天主教會的習俗與摩尼教徒的習俗》，此後開始了對摩尼教的爭論持續達十五年之久。

41 歲時成為希波副主教，完成《自由意志論》；羅馬帝國分裂成為東西兩帝國。42 歲，聖奧古斯丁成為希波主教。此後並以希波主教的身分參與和其他派系的爭論，對不斷產生的異端學說，展開嚴厲的論戰。站在「教會以外無法得救」的信念上，為教會的權威及確立正統信仰，而不遺餘力奉獻一切。

72 歲時，他完成《上帝之城》。翌年，汪達爾人入侵非洲，在北非成立王國。76 歲時，希波被汪達爾人圍困。8 月 28 日，聖奧古斯丁死於職守，結束了他不平凡的一生。

㈡著　作

聖奧古斯丁著述極其豐富，他的著作主要是關於神學的問題。

《懺悔錄》(*Confession*)　是他自己生活的寫照與思想轉變的追述，為了滿足心靈的渴望，他做過許多不名譽的事情：偷竊、縱情。其中記載有一次他和一夥年歲相仿的同伴偷摘了鄰居樹上的梨，當時他並不感到飢餓，而且在他家中還有更好的梨。他終身一直認為這是一種幾乎令人難以置信的邪惡。假如因為

餓，或由於沒有其他辦法得到梨吃，那麼這種行為還不至於那麼邪惡。但事情卻在於這種惡作劇純然出自對邪惡本身的愛好，而正是這一點才顯得這事邪惡得不可名狀，於是他請求上帝寬恕他。最後在領洗進教後，才獲得心靈的平安。如他在《懺悔錄》所說的：「我的心得不到祢，便惴惴不安。」《懺悔錄》全書充滿感情、真理，是神學與哲學的混合物。聖奧古斯丁像所有的正統基督教徒所主張的那樣，主張世界不是從任何物質中創造出來的，而是從無中創造出來的。

《上帝之城》(*The City of God*)　從西元 412 年到 427 年間陸續寫成的《上帝之城》，共 22 卷，成為一部有關過去、現在和未來的全部基督教歷史綱要。在整個中世紀中，特別在教會對世俗諸侯的鬥爭中，這部書曾經產生過巨大的影響。《上帝之城》被視為是西方基督教世界，最早的歷史哲學或神學作品。

在現世裡，這兩個城——地上之城和天上之城是混為一體的；但在來世，被神所預先選定的得救者同被神厭棄者將被分別開來。在今世，即便在似乎是我們的敵人中間，誰將成為選民一事，也是我們無從知道的。

地上之城與天上之城的比較

地上之城	天上之城
充滿罪惡、私欲、欺盜、混亂	充滿良善、友愛、真誠、光明
私愛自己、輕視上主	輕視自己、愛慕上主
淫亂的巴比倫	宗教的耶路撒冷
人民隨肉欲生活	人民依精神生活

人該遠離地上城，奔往天上城，天上之城是光明的，是人類的歸宿。

此書解答了摩尼教的善惡二元論，也講解了命定與自由的意義。

他告訴我們，書中最難的部分是對哲學家的駁斥，因為基督徒和一些卓越的哲學家在某些方面是一致的——例如：關於靈魂不死，以及上帝創世的理論。

(三)學　說

知識論　以柏拉圖的「至善」思想為依據，認為「至善」本身是美好的根源，人的本性應該自然地回歸到天主，才能獲得幸福，因此，聖奧古斯丁以「天主」作為他神性哲學的骨髓。

(1)將知識分為三種：外觀的、內心的、純理的。知識來自認識，外觀與內心的知識是來自感覺和內心的認識。純理性的知識是智慧，是必然性和不變的事理。知識是暫時的，智識是永久的。

(2)強調柏拉圖的「普遍觀念論」，並主張：「人若不認識觀念的存在，便不能成為明智之人。」因為觀念是事物的模型與根源。

(3)觀念是穩定不變的，永恆存在於造物主的理智內。造物主是無始無終的，造物主的觀念也是無始無終的。宇宙事物是有始有終的，乃為分享無始無終天主的美好而存在。

(4)世界萬物的「普遍觀念」是來自人外五官的認識。永恆

而必然的觀念非來自外五官，而是來自創造主的光照，藉主的神光，人才能認識那些永恆而必然的觀念。

(5)「光照」與「尋求」相關聯，人有上主的光照，必在理性內尋求永恆的真理──上主。人獲得後，方滿足安靜，正如他在《懺悔錄》中說：「我的心得不到祢，便惴惴不安」，此「心」乃理智之光。由此可見聖奧古斯丁的認識與信仰相關聯。

(6)聖奧古斯丁的認識是為了信仰，信仰也是為了認識，也就是信仰可補認識的不足。如他所說：「你明瞭吧！因為你相信。」「你相信吧！因為你明瞭。」藉此「知識」與「信仰」相輔相成，形成了最高的智慧在於信仰，最高的信仰就是智慧，使理性與感情合二為一。

哲學

(1)光照

聖奧古斯丁的哲學是神學性的哲學，他以「神」作為一個有位格的上主，依柏拉圖的分享原理，人是上主所分出來的，也是有理智、有位格、有限性的「實者」（實實在在的東西）。上主如同太陽，而人如一小塊玻璃體，玻璃可藉太陽而發光，所以理性是因上主的光照而被人所認識。

聖奧古斯丁與判斷之光（1650 年，Philippe de Champagne 繪）

上主的光是永恆之光，是一切光明的泉源。永恆之光照射在人的心靈之上，作為人尋求真理的依據。藉此光，人能判斷知識的真偽，故此光也稱「判斷之光」。此光照明人的「心」與客觀的「理」，因此人心與真理合一，使心靈平靜。

⑵自由與命定

人認識真理後，心靈會產生兩種現象：接納真理或拒絕真理，於是心中便有善惡之爭。聖奧古斯丁以「自由」與「命定」來講解。

「命定」是良心的呼聲、內在的永恆法律，而「自由」能不聽從良心的呼聲，違反永恆律。因此在人的內心發生善與惡的鬥爭。初期聖奧古斯丁聽從內心的私欲拒絕善追隨惡，領洗後藉聖寵的幫助，拒絕惡追隨善。

「自由」的意義也因此有不同見解。從前的自由「是想做什麼便做什麼，名為自由，實為私欲的奴隸」。現在的自由「是自己想做什麼而不去做什麼，或不想做什麼而去做什麼」，完全脫離了私欲的控制，而成為一個真正光明的人，因為自由是使人向善，而不自由是被私欲拉住。

聖奧古斯丁強調自由之人是向善之人，實際上是有愛心的人，在行為上捨己為人，讓別人佔便宜，自己吃虧的人。所以自由向善是光明之子，神的子女；犯罪是惡，是黑暗之子，魔鬼的子女。

㈣地　位

　　聖奧古斯丁是西方宗教及思想史上，最重要的一位天主教思想家、神學家、護教家。在後人的心目中，他是一個虔誠的基督教徒、偉大的神學家。作為一個神學家，他曾經嘔心瀝血探索上帝教義的精髓。他天資聰穎、博學多才，又有深厚的古典文學造詣和熟練駕馭拉丁文的能力，而且他勤奮好學，筆耕不輟。據說他在皈依基督教後的 44 年中，就寫了書 93 種 232 部，此外還有大量的書信。這些文字都是由他的心血凝聚而成的，其中不僅包含著他對《聖經》精湛的理解，同時包含了他對上帝的無限崇信和愛。後人之所以難以忘懷他，就是因為他以自己的實踐和理論，在基督教世界勾畫出一個崇高的理想，塑造了一個偉大的人格。

　　他不是任何意義上的學者，但是他卻以深廣的智慧和才思，影響了各種學術的發展：政治學、社會學、倫理學、法學、教育，乃至於自然科學上他都佔有不可或缺的一頁。

㈤影　響

　　聖奧古斯丁對於爾後基督教的思想發展，影響很大。如前所述，他對基督教之信仰教義，至少給予一個決定性的方向，同時確立對教會信仰的基礎。在羅馬帝國即將崩潰的時候，由於他的努力，天主教會基礎得以鞏固，古代文化的遺產得以保存至中世紀。

第二節　士林哲學

一、士林哲學的產生及特點

㈠產　生

士林哲學 (Philosophia Scholastica) 是以理性為主，接納上古時代希臘哲學家蘇格拉底、柏拉圖、亞里斯多德三大哲學家的碩果，截長補短，加以系統整理之後擴大發揚，所以士林哲學是理性哲學的新發展。

士林哲學又名經院哲學，它將教父哲學的理論化、系統化，用以論證基督教教義，因此被稱為「神學的婢女」。

教父哲學與士林哲學的比較

教父哲學	士林哲學
設法統一「信仰」和「理性」	設法分開討論「信仰」和「理性」
神學、哲學不分	神學是啟示的、哲學是理性的
目的在護教，常站在被攻擊的地位	目的在建立體系，站在主動的立場
溝通羅馬人的精神、希臘的哲學、希伯來的信仰→創造出全新思想體系、信仰體系、生活體系	各種教育機構都需要系統教材→系統哲學產生 三目（辯證、修辭、文法）四科（天文、音樂、幾何、算術）即七藝

㈡特　點

在研究對象上　士林哲學探討的不是自然和社會現實，而是超現實的上帝和《聖經》。它力圖對上帝和《聖經》做出哲學的論證和解釋。士林哲學家圍繞上帝、天使、天堂等許多非現實的問題，展開極荒謬的、毫無意義的研究和討論。如：「天堂裡的玫瑰花有沒有刺？」「天使要不要睡覺？」「一個針尖上能站多少天使？」「亞當被創造時幾歲？身長多少？不吃奶吃什麼？」等等。

在論證原則上　推崇權威，奉行教條。士林哲學家認為，《聖經》以及柏拉圖、亞里斯多德等人的著作都是絕對真理，絲毫不容懷疑和更改，一切判斷都必須以這些權威為標準。當事實與權威發生衝突時，他們寧可相信權威，睜眼否認事實。伽利略曾經講過一個故事：一位士林哲學家在解剖室裡看到神經在大腦裡會合，他感嘆說：若不是亞里斯多德說一切神經在心臟裡會合，我就會承認所看到的一切是真理了。

在論證方法上　熱中於繁瑣考證，傾心於形式主義。士林哲學家在論證一個問題時，一般總是大量引證權威觀點，羅列各種空洞的定義，把有關問題的肯定方面和否定方面，一一陳述出來，然後借助三段論和概念分析，用以駁斥它所否定的觀點，或引出它所肯定的神學結論。由於士林哲學家把形式主義的繁瑣考證推到了極端，因而被稱為「繁瑣哲學」。

二、分　期

㈠早期士林哲學

起訖　九～十二世紀。

發展

　　⑴學術基礎：柏拉圖哲學。

　　⑵學術發展地點：教會學校、修道院，然後又推動各種大學的設立（1150 年有法國巴黎大學四個學院：神學、哲學、法律、醫學），在各種國立大學中發展其學說。

　　⑶學術內容：①三目：辯證、修辭、文法。②四科：天文、音樂、幾何、算術。用這七藝去研究學問。

　　⑷教學方法：專門講授注釋，注釋古典哲學中的問題，以及他們對這問題的解決方法，授課所集成的講義，叫做「大全」(Summa)。另外，辯論較重要問題或整個思想體系，以及各種思想發展的情形，在辯論中所記錄下來的集成，叫做「問題」。除了「大全」和「問題」外，尚有「小品」，就是教授或學生寫的小論文。

特色　此一時期的思想家只做表面工作，在哲學中不討論人生的內容；在宗教方面不討論信仰的內容，只討論空洞的、沒有內容的形式或公式。因此達米亞尼 (Pier Damiani, 1007～1072) 挺身而出反對這種哲學思想，他說了一句很重的話：「這樣的哲學，也不過是神學的婢女。」

達米亞尼（Andrea Barbiani 繪）

爭論　唯實論與唯名論之爭。比較如下：

唯實論	唯名論
認為一般是真實的存在	肯定個別事物的實在性，個別事物先於它的概念
具有客觀唯心論的傾向	具有唯物論的傾向
源於柏拉圖的觀念論	源於亞里斯多德的感官說
上帝是最高的存在	具有否定正統基督教教義和教會統治的傾向
維護正統的基督教	維護世俗的王權
聖多瑪斯為代表	阿伯拉爾為代表

㈡士林哲學全盛期

起訖　十三世紀。

發展

　　⑴學術基礎：亞里斯多德理論漸漸取代柏拉圖哲學。

　　⑵學術發展地點：在各種大學如：英國牛津大學（1214年）、劍橋大學（1209年）、義大利拿波里大學（1214年）、羅馬宗教學院（1243年）。在天主教修會，如：方濟會（1215年建立，崇尚亞里斯多德的哲學方法）、道明會（1216年建立，崇尚柏拉圖及聖奧古斯丁的方法）。

　　⑶代表學者：聖多瑪斯·阿奎那。

　　⑷學術發展：一開始便分道揚鑣。巴黎大學注重人文，牛津大學注重自然科學。至今英語系國家大都注重自然科學；法語系、德語系國家較注重觀念論。此時期分為三大派系：

三大派系的比較

派系	知	情	意
注重	注重理性	以人的心靈生活做中心	注重意志
主義	出現主知主義	產生神秘主義體系	主意主義
代表	阿伯拉爾、聖多瑪斯	厄克哈、陶勒、蘇色	根特、東斯哥德
特色	阿伯拉爾「百曉博士」聖多瑪斯「天使博士」		根特「隆重博士」東斯哥德「精深博士」

聖多瑪斯之後士林哲學分為三個派別：道明學派、方濟學派、耶穌會。

(三)後期士林哲學

起訖　十四～十七世紀。

發展　士林哲學走下坡，原因是：缺乏傑出哲學家、政教之爭影響優秀學生的培育。此時唯名論傾向漸強，遂導致理性與信仰分離，於是奠定了近代哲學的基礎。

三、代表人物──聖多瑪斯‧阿奎那

(一)生　平

聖多瑪斯 (S. Thomas Aquinas, 1225～1274) 生於義大利小城，是個貴族。5 歲啟蒙，14 歲通習亞里斯多德哲學，進入大學念書受到道明會神學教授的影響，後入修會。但家人反對，他的兄長在半路上把他劫走，並把他關在古堡裡。他就專心研讀《聖經》，兄長威脅利誘他，甚至以妓女誘惑他，他反而用爐火驅逐妓女。兩年後家人只好遂其所願，准他進入修會。

1245 年聖多瑪斯往巴黎大學深造，受業於阿伯拉爾門下，學業猛進。但他個性沉默寡言，身軀高大魁梧，同學修士叫他「啞牛」。25 歲成為巴黎大學教授，1257 年獲得神學博士學位。他的學術地位十分崇高，與聖奧古斯丁並稱。因為學問淵博，被稱為「天使博士」。1274 年前往里昂參加教會會議時，途中病逝。教會於 1323 年賜號為「聖」，以示尊崇。

㈡著　作

　　聖多瑪斯著作豐富，最著名的是：《神學大全》、《亞里斯多德的哲學注解十二種》。

㈢學　說

知識論　聖多瑪斯將知識分為兩種——啟示的、求得的。

　　他提出理性和信仰並存，但信仰高於理性。神學來自上帝的光照，不會發生錯誤；而哲學來自人的自然理性之光，它會發生錯誤。神學的目的在達到永恆的幸福，而哲學則以神學的

啟示的知識、求得的知識之比較

啟示的知識	求得的知識
屬於神學	屬於哲學
對象是超性的、超自然界的	對象是本性的、自然界的
超性的知識的接納是信仰	本性的知識的獲得是理性
超性的知識是藉著神的啟示	本性的知識是藉著人理性的追究
此知識就本身事理不清楚	此知識就本身是明顯清楚的

目的為自己的目的。所以神學高於哲學，哲學應該為神學服務，所有的知識只有作為神學的婢女，才有存在的必要。這點以今日的眼光來看，實在十分荒謬。

　　他認為理智是一種認識能力，像一塊白板，靠感性知識為它提供質料，才能形成知識。因此感性認識先於理性認識，理性認識依賴於感性認識。感性認識也不夠，仍需依靠具有抽象能力的「理智之光」，才能從個別知識抽象出共相性知識，而人的「理智之光」要靠上帝的理智之光的照耀。上帝的理智是真理的標準，這就是聖多瑪斯的神學唯心主義。聖多瑪斯建構一個龐大的經院哲學體系，他的理論大受教會推崇，迅速成為官方哲學，變成教會對付「異端」、「異教」的重要思想武器，甚至對歐洲哲學產生很大的影響。現代西洋哲學中的新多瑪斯主義，就是在他的理論基礎上發展起來的。

辯神學　辯神學最重要的課題，就是證明神存在的論證。聖多

瑪斯集合柏拉圖宇宙論中「分享」的原理，以及亞里斯多德知識論「類比」的方法，發揮了對因果原則的考證，提出了有名的「五路證明」，就是用五種不同角度，在同樣的因果原則下，指證神的存在。

(1)從事物的運動變化來推斷上帝的存在。

(2)從動力因推論上帝的存在。

(3)從可能和必然性的關係推論上帝的存在。

(4)從事物發現真實性的等級推論上帝的存在。

(5)從事物的目的推論上帝的存在。

前三種稱為「宇宙論證明」，後二種稱為「目的論證明」。聖多瑪斯利用了亞里斯多德的「第一因」、「動力因」、「目的因」等理論。

聖多瑪斯認為上帝創造的宇宙是一個等級系列：其頂峰是天使，是非物質的存在；其次是人類，是物質與精神的結合物；人類之下是動物，動物之下是植物，最低級的物質是火、氣、水、土四元素。在這一等級系列中，每低一級的存在形式都是高一級存在的質料，因而高一級的存在是低一級存在追求的目的，一切存在所追求的最終目標是上帝。如此，整個宇宙就構成一個永恆不變的和諧的統一體了。

靈魂論　人是物質和形式，也就是肉體和靈魂的統一體。靈魂居於支配的地位，靈魂具有精神性和實體性，它不能被別的事物所破壞，也不會自行消滅。所以靈魂是不朽的，顯然這種觀點是為宗教宣揚的「天堂地獄」教條提供理論依據的。

聖奧古斯丁與聖多瑪斯的比較

聖奧古斯丁	聖多瑪斯
哲學偏向柏拉圖	哲學偏向亞里斯多德
以個人內在經驗，與「心情」做出發點，寫出哲學與神學	以「理智」為出發點，以演繹和歸納的方式，寫出哲學與神學

㈣地　位

聖多瑪斯將經院哲學系統化，被認為是最偉大的經院哲學家。因此，聖多瑪斯不僅有歷史上的重要性，而且還具有當前的影響，正像柏拉圖、亞里斯多德、康德、黑格爾一樣，事實上，還超過後兩人。

聖多瑪斯的偉大處，在於他能從根本的知識論開始，經過哲學的「體」──形上學，再從形上學的雲層下來，回到哲學的「用」──倫理道德的實踐境界。和希臘哲學家一樣，他討論了哲學問題，同時在宇宙中安置了人生；在人生問題中，包含了前世、今生和來世。他能夠用哲學的思考，衝破時間，走向永恆；衝破空間，走向無限。

他不只是以理論的方式，解釋哲學問題，而且在他年紀大時，寫了一些讚美神的詩歌，跳出「知」的範疇，而走向「感」的階段。能夠從知識的分析走向神秘經驗；從理智生活走向內心與神結合的宗教情操之中。

第五章

近代哲學

　　鄂圖曼土耳其帝國在 1453 年佔領君士坦丁堡後，中世紀便算結束，之後開始近代史時期。

　　由中世紀到近代的分水嶺，一般是以文藝復興作為分界線，文藝復興 (Renaissance) 是從十五世紀後半期開始　（1438 年 Florentinum 的大公會議決定），經過整個十六世紀，到十七世紀。就哲學的觀點而言，是哲學由中古走向近代的過渡期；而真正代表近代哲學思想的是十七～十八世紀的理性論與經驗論。

　　文藝復興的發源地在義大利，然後傳到德國、英國、法國和整個歐洲大陸，他們的口號是「復古」：從中世紀的哲學走出

文藝復興重鎮，義大利佛羅倫斯

來，回到希臘及羅馬時代的文化去。回歸希臘文化，重新研究柏拉圖、亞里斯多德；回歸羅馬文化，重新研究羅馬的拉丁文化。

文藝復興的特點是以「人」為中心，並發掘與人有關的各種問題；中世紀哲學以「神」為中心，採取超性的觀點。以「人」為中心的思想，形成人文主義；以「神」為中心的思想，形成超人的神學觀。

哲學在近代史上有兩個趨勢：

1.原先的士林哲學，經修改後分成兩個系統向前推進：道明學派、方濟學派。

2.反士林哲學所形成的新思想：大陸學派的理性哲學、海洋學派的經驗哲學。

近代哲學有四大特徵：

1.有新的方法、新的問題、新的答案，走出希臘哲學及中世紀哲學的框框。

2.開始在自然科學中發展出新思想，不再利用權威和神話系統解決自身的難題，漸與自然科學拉上關係，並且愈加密切。

3.開始以自己的理智，作為認知尺度的標準，以自己的生活體驗，作為解決人生問題的方案，於是漸漸脫離教會的制度哲學，脫離了一種偉大體系的嚮往，覺得個別事物以及具體的思考方式，才是真正做哲學的方法。

4.由於近代民族間交往頻繁，因此開始接受其他民族、其他信仰、其他哲學、其他國家所留下來的智慧結晶。

　　由以上四大特徵可以看出，近代哲學有所「創新」。

　　為了研究方便，我們把近代哲學分為五個部分：

文藝復興哲學　有「復古」——跳過以「神」為中心的中世紀思想，回到以「人」為中心的希臘思想。有「創新」——在希臘亞里斯多德哲學「知物」、「知天」、「知人」的系統中，希望透過「知物」的體認，來概括「知天」、「知人」的原理原則。

理性主義哲學　復古的人文主義中的一支哲學派別，他們相信自己的思想，相信邏輯的法則，認為用理智的直觀就可以找到真理，而此真理可以運用在物理方面，也可以運用在人生方面，甚至可以運用到宇宙和宗教方面。

經驗主義哲學　透過實驗、歸納分析方法找到真理，找到人生在宇宙中有何真諦。

啟蒙運動哲學　近代民族主義覺醒，認為人人平等，都應該受教育而有知識。這個運動的重點在於「自由」（生命、財產、追求幸福的自由）、「法治」（做應該做的事，而不是做喜歡做的事）。

康德與德國的觀念論　設法將文藝復興和啟蒙運動哲學輕易丟棄的價值體系重新拾回，恢復到真正的希臘的宇宙觀和人生觀之中。在德國的觀念論背後，特別發展精神哲學。

第一節　文藝復興哲學

　　在復古運動中，比較傾向希臘柏拉圖和亞里斯多德思想的就形成「人文主義」；而比較傾向中世紀思想、宗教哲學的就形

成「神秘主義」。

一、人文主義

㈠人文主義的產生及其代表人物

人文主義的涵義　⑴指它研究的對象是人文學科：就是古希臘羅馬流傳下來的各種古典學術文化，包括文學藝術、倫理道德、科學工藝、自然科學、哲學等。它是屬於人的，不是屬於神的。

　　⑵指它研究的內容是以人為核心，把人的價值抬高到首要地位，是關於人的學說，不是關於神的學說。

人文主義的產生　人文主義運動最初出現在義大利。因為義大利交通方便、地理位置優越，是西歐和東方貿易樞紐，最早出現具有資本主義性質的生產關係，並且形成中產階級。自從東羅馬帝國被土耳其人攻陷後，許多希臘人逃入義大利，有些人進入學校，講授古希臘文、古代詩歌、文學、哲學，直接促進人文主義運動的勃興和傳播。繼義大利之後，人文主義運動很快擴及歐洲各國，成為歐洲的一種時代思潮。

　　義大利詩人但丁 (Dante Alighieri, 1265～1321) 就是文藝復興運動的先驅，他的著作《神曲》標誌著一個新時代的開端。他在《神曲》中第一個提出個性和理性，讚頌人的自由、理想、偉大、崇高，以及人與人之間的愛。

　　義大利詩人佩脫拉克 (Francesco Petrarch, 1304～1374) 首先提出「人學」與「神學」對立，他的主要作品《抒情詩集》，突破禁欲主義與神秘主義的束縛，直接述說現實生活中男女青

年應享有的愛情，並且主張對自己的人格、榮譽應有所追求。所以有「人文主義之父」之稱。

　　此外薄伽丘 (Giovanni Boccaccio, 1313～1375)、 伊拉斯莫斯 (Erasmus Desiderius, 1466～1536)、 蒙田 (Michel Eyquem de Montaigne, 1533～1595)、 莎士比亞 (William Shakespeare, 1564～1616) 等都是當時人文主義的學者。 人文主義不是一個有組織的學派，也沒有形成一個統一的哲學思想體系，但是具有人道主義精神，反對空洞的經院哲學和宗教神學，要把哲學從天國拉回人間。為以後的宗教改革、自然科學和唯物主義哲學，開拓了道路。

佩脫拉克　伊拉斯莫斯

但丁　薄伽丘　莎士比亞

㈡人文主義的基本內容

　　1.在人與神的關係中，突出人的地位，貶低神的地位。莎士比亞讚美詩寫道：「人類是多麼了不起的一件作品！理性是多麼高貴，力量是多麼無窮！儀表和舉止是多麼端正，多麼出色！論行動，多麼像天使！論了解，多麼像天神！宇宙的精華，萬物的靈長！」

波堤切力「春」重視人體的美感，整幅畫洋溢著優雅歡樂的氣息

　　2.在人和自然的關係中，重視人、自然，以及人與自然的
一致。因為人生活在自然中，人應該發揮理性的力量認識自然。
人文主義學者從自然主義的人性論出發，肯定人對世俗幸福生
活的追求。

　　3.在人與人的關係中，人文主義學者從自然主義的人性論
出發，宣揚自由、平等、博愛的社會原則。人文主義學者同中
世紀的蒙昧主義、禁欲主義、宿命論等根本是對立的，他們肯
定人的價值，抨擊教會和封建貴族。莎士比亞譴責教皇神父：
「像豬一般懶惰，狐狸一般狡猾，狼一般貪婪，狗一般瘋狂，
獅子一般凶惡。」人文主義學者自視甚高，鄙視群眾，他們大
多攀附權貴，出入宮廷，他們只是少數的知識階層。

二、神秘主義

　　神秘主義是恢復中古時代的宗教情操，依靠人的情感和感受，希望透過人自己內心說不出的一些感受，用來解釋宇宙的真相以及人生的奧秘。文藝復興的復古運動不但對希臘哲學有興趣，同時對人生最古老的問題，也就是人和宇宙背後究竟隱藏了什麼真理的問題發生了興趣。這種興趣走上極端之後，就會走向神秘和宗教。

　　神秘主義由於不注重理智的分析，由於不能以一種客觀的、有系統的態度來解釋，所以在介紹神秘主義學說時，很難分成幾個派系或宗派，而只能提出他們每一個人對自己生命的體驗以及對宇宙的看法。

　　神秘主義在所有學說中，最主要的是設法把整個宇宙視為一個動的、有生命體的世界，而人生存在這個動的，立體的宇宙中，只是一份子，而這一份子應該過一個屬於統一的生命，或屬於心靈的一個最高境界，能夠解脫物質的束縛，或解脫功名利祿的束縛，同時更可以解脫知識論上的是非之辯或對錯之辯。

第二節　理性主義

一、特　色

　　理性主義 (Rationalism) 論者強調理性，在認識真理的重要性和必然性。

二、代表人物

㈠笛卡兒

・我思，故我在。

生平　笛卡兒 (René Descartes, 1596～1650) 為法國貴族，父親是議員，母親很早過世。他曾經在耶穌會設立的大學中受教育。

17 歲到巴黎去研究法律，四年後取得碩士學位。22 歲從軍，周遊列國。32 歲定居荷蘭鄉間到 1649 年為止。該年秋天，應瑞典女王之邀，赴斯德哥爾摩與女王討論哲學，因水土不服，翌年病逝。

著作　《沉思錄》、《方法論》、《哲學原理》、《心靈感受》。

學說

　(1)知識論

　　笛卡兒將數學原理應用到哲學中來，所以他認為真理的尺度是清晰明瞭的觀念，只要利用我們天生的邏輯法則，就可以判斷合理與否，這個方法就是「悟性的直觀」──「我思，故我在。」──「我懷疑，所以我存在」。

　　笛卡兒主張要用理性對以往的觀念展開普遍的懷疑，從上帝到我的手腳，天上地下的東西都在懷疑之列。但是有一件事不能懷疑，那就是「我在懷疑」，「我在懷疑」是肯定存在的，就是說正在懷疑的「我」，不能不存在。懷疑是一種思想，我在懷疑，就是我在思想。於是他得出一個命題「我思，故我在」。

　　他為了確保理性認識的真實性，提出理性認識的四個原則：

　　①決不把任何未經我明確判斷的東西當作真的加以接受，只將根本無法懷疑之物放進我的判斷之中。

　　②將我所考察的每一難題分成細小部分，直到可以且適合加以圓滿解決為止。

　　③依序引導我的思想，以便從最容易的認識對象開始，一步步上升到複雜的認識對象，即使它們彼此無任何先後次序，

但我也得設定一個次序。

④將一切情形儘可能完全羅列，普遍加以審視，使我確信毫無遺漏。

笛卡兒用這種方法建立他的哲學體系。他認為整個哲學是一棵大樹，樹根是形上學，樹幹是物理學，從樹幹上發出的枝條是醫學、力學和道德學等實用科學。

⑵形上學

笛卡兒宣稱宇宙有兩種不同形式的真實世界 （或稱 「實體」）。一種是思想或靈魂；另一種是「擴延」或物質。靈魂純粹是屬於意識的，不佔空間，因此不能再分解為更小的單位。而物質則純粹是擴延，會佔空間，因此可以一再被分解為更小的單位，但卻沒有意識。笛卡兒認為這兩種本體都來自上帝，因為唯有上帝本身是獨立存在的，不隸屬任何事物，不過雖然「思想」和「擴延」都來自上帝，但彼此卻沒有任何接觸。思想不受物質影響，物質的變化也不受思想的影響。

笛卡兒是二元論者，他將思想的真實世界和擴延的真實世界分得一清二楚。比如說，他認為只有人才有靈魂，動物完全是屬於擴延的真實世界，因為牠們的生命和行為都是機械化的，他將動物當作是一種複雜的機械裝置。再談到擴延的真實世界時，他採取十足機械論的觀點，就像是個唯物主義者。

笛卡兒不能否認靈魂與身體之間時常相互作用。他相信只要靈魂存於身體內一天，它就會透過一個他稱為「松果腺」的腦部器官與人腦連結。「靈魂」與「物質」就在「松果腺」內時

時相互作用。因此靈魂可能時常受到身體需要有關的種種感覺與衝動的影響。不過靈魂也能夠掙脫這種「原始」衝動的控制，而獨立於身體之外運作，它的目標是使理性獲得掌控權。

笛卡兒之所以將人的身體比喻成一部機器或機械裝置，是因為他處於科學革命時代，機械時鐘在當時很流行，人們很著迷，機械時鐘是一種能夠自行運轉的東西。

(3)倫理學

笛卡兒承認精神實體除了認知作用以外，還有一種意欲作用。人的意志是自由的，「方法的懷疑」作用就是已經預設自由意志的存在。我們深知我們具有自由，這種確知原是優於上帝的存在。然而一旦證明神的存在，這個優位就要轉移，笛卡兒面臨「人的自由」如何與「神的預定」調和。他不能圓滿解答。他有時主張上帝能夠預見或預定人類一切行為，但不決定人類的意志。同時上帝對人的錯誤不必負責，一切錯誤來自自由意志的誤用。人類可以自由選擇或排拒錯誤，此與上帝無關。

笛卡兒接受傳統見解，認為人類生活的目標是在獲得「幸福」，不過他的「幸福」不同於中世紀的哲學家。他認為人應靠著自己的努力，在現實生活中獲得靈魂的寧靜滿足。他強調有德行的人應能經常分辨我們能力所及與不及的事物，而且過一種「自我充足」的理性生活。由此可知笛卡兒的主張與斯多噶學派頗為接近。總之，他的倫理觀有主知主義的傾向，專就人類理性層面探討倫理問題，至於情意生活本身的價值意義則全然抹殺不論。

地位　⑴笛卡兒被稱為「近代哲學之父」，是近代歐洲哲學的正宗鼻祖，因為笛卡兒是第一位根據理性的自律立場，規定理性之嚴密而架構成的哲學體系，為近代哲學主潮的哲學家。從他開始，近代歐洲哲學形成了獨特的思維方向，而有別於古代希臘哲學和中世紀基督教哲學。

　　⑵笛卡兒為人類思維創立了理性主義的認識方法和思維方法，並為後代的理性主義者，如斯賓諾莎、萊布尼茲、康德，甚至黑格爾所繼承和發展。

　　⑶他奠定了資產階級啟蒙思想的理性基礎，伏爾泰、狄德羅都曾受過他的影響。

　　⑷他的心物二元論，也引起人們消除其間對立的種種探討，以及思維與存在的統一問題。

㈡斯賓諾莎

生平　斯賓諾莎 (Spinoza, 1632～1677) 出生於荷蘭首都阿姆斯特丹，是猶太商人之子。幼年讀《舊約聖經》與猶太法典，後接觸中世紀猶太神秘主義思想，另一方面研究培根、霍布斯、笛卡兒等人的著作。他脫離猶太傳統，被教會除名，從此以研磨光學鏡片謀生，數度遷徙，最後定居海牙，過簡樸生活，恬淡無欲，對他而言，哲學就是宗教，也是最高的精神生活。

著作　⑴《神學政治論》是匿名發表，主張宗教與科學完全分離，強調宗教經典研究應該採取文獻學的、歷史學的方法。斯賓諾莎可以說是開拓歷史學的《聖經》批判的先驅者。他在此

書提出宗教寬容的理論，而為近代宗教寬容運動的代表。

　　(2)《幾何倫理學》討論形上學問題，從實體與神的定義談起，直到人的理性找到自由解脫之道。理解自由之道就是「不要哭、不要笑、要理解」。黑格爾說：「沒有斯賓諾莎，就沒有哲學。」可見此書的思辨力是無與倫比。

學說

　　(1)萬有一元論

　　斯賓諾莎認為實體就是上帝，上帝就是自然，此三者是可以代換的。心與物是一體的兩面，不同於笛卡兒的「心物二元論」。

　　(2)知識論

　　斯賓諾莎把知識分為四種：道聽塗說、不成文經驗、觸類旁通、幾何哲學，只有第四種最可靠。斯賓諾莎把認識分為三種：知覺、理智、直觀。而他特別強調理智的認識功能，故被稱為理性主義者。

　　(3)倫理學

　　愛是「與外在的原因而產生的觀念相伴隨的快樂」；恨是「與外在的原因而產生的觀念相伴隨的痛苦」。若依照清晰的觀念去行為，我們就經歷快樂；若與永恆結構（神）相契合，就感到自由。

　　笛卡兒的理性主義只停留在宗教倫理學上，而斯賓諾莎卻將他的哲學思想結論擴充到道德實踐領域。

影響　斯賓諾莎哲學是西洋哲學史上最偉大的泛神論典型，他的汎神論思想一直影響了近代德國哲學、狂飆運動、浪漫主義

文藝思潮。

㈢萊布尼茲

生平　萊布尼茲 (Gottfried Wilhelm von Leibnitz, 1646～1716) 生在德國，8 歲自修拉丁文，15 歲讀大學，主修法律，17 歲開始寫作，20 歲獲得博士學位，畢業後從事學術工作。在巴黎發明對數表，是數學上一大貢獻，從此驕傲自以為了不得，但是當他得到中國「河圖洛書」拉丁文譯本後，把自己的對數表扔到垃圾桶中。他後期思想專門注重東方哲學，曾以法文寫中國哲學的大作。

位於德國萊比錫大學校園內的萊布尼茲紀念像

著作　《單子論》、《形上學談話》、《人類悟性新論》、《辯神論》。

學說

　⑴知識論

　　分為感性和悟性。感性認識是經驗的知識，由感官的知覺而來，其認識是模糊不清的表現。悟性認識是理性的知識，由邏輯分析，藉由因果律與矛盾律而得，其認識是清晰明顯的。萊布尼茲主張真知識來自理性，不是來自經驗，真知識應以原理為基礎，是系統性普遍的必然真理，而感官的認識則沒有此特性。連宇宙的組成，也是數學性的邏輯秩序，只有理性才能

辨認，所以萊布尼茲是理性主義者。

(2)單子論

目的在調和笛卡兒的多樣性和斯賓諾莎的統一性。單子是一種力量、一種能、一種存在，不只是感官世界的存在，而且是觀念界中屬於宇宙萬物的最終元素，它有無限數目，構成世界形形色色的東西。每種單子完全獨立，它自成一個整體，具目的性、和諧性。

(3)倫理學

萊布尼茲說上帝創造了一個最完美的世界，倫理上的「惡」是為了使「善」更清晰明瞭，使人更去追求它。

影響　(1)羅素認為萊布尼茲最大的成就在於開導一條符號邏輯與學術語言統一運動的先河，他的單子論也孕育著羅素所倡「邏輯原子論」的思想種子。

(2)他的《人類悟性新論》一書所展開的知識問題對於康德先驗觀念論的建立預鋪了重要理路。

(3)他那道德啟蒙與歷史理論也成為整個十八世紀的文化理念的主要指導原則。

(4)從德國哲學傳統來說，萊布尼茲可以說是近代德國哲學的開山祖師，從他開始德國才有超越英法兩國的哲學體系的形成。

第三節 經驗主義

一、特 色

經驗主義 (Empiricism) 強調經驗、觀察、歸納的方法。

理性主義與經驗主義的比較

	理性主義	經驗主義
發源	法國巴黎大學	英國劍橋、牛津大學
興盛	德國	英國
又稱	大陸派哲學	海洋派哲學
強調	理性的重要、知識主動性	經驗的價值、知識被動性
方法	演繹法	歸納法
始祖	柏拉圖	亞里斯多德
三鉅子	笛卡兒、斯賓諾莎、萊布尼茲	洛克、柏克萊、休謨
導引出	唯心論	唯物論
結果	懷疑走向獨斷	獨斷走向懷疑

二、代表人物

近代哲學從培根開始,在自然科學的運用上,利用歸納的方法,直到霍布斯、洛克兩人,才開始真正地提出歸納法的原

理和原則的運用。

(一)培　根

- 知識就是力量。
- 閱讀使人博學；辯論使人聰敏；寫作使人精明。
- 如果一個人很少寫作，他就需要有很強的記憶力；如果他很少辯論，就要有急智；如果他很少讀書，就需要有狡猾，假裝懂得自己不懂的事情。

生平　培　根 (Francis Bacon, 1561～1626) 是國璽大臣尼可拉斯・培根爵士的兒子，從小靈敏、機智、莊重、成熟，少年老成，英國女王戲稱他為「小國璽大臣」。12 歲進入劍橋大學三一學院就讀。23 歲做了下院議員，56 歲獲得國璽大臣職位，57 歲做了大法官。但是他據有這個顯職僅僅兩年後，就被以賄賂罪名起訴。他被判

少年時期的培根

處罰金四萬鎊；監禁在倫敦塔中，期限隨國王的旨意；終生逐出朝廷，不能任官職。這判決不過執行了極小一部分，並沒有強令他繳付罰款，他在倫敦塔裡也只關禁了四天。但是他被迫放棄了官場生活，而以撰寫重要的著作度他的餘年。

在那個年代法律界的道德有些廢弛墮落，幾乎每一個法官都接受饋贈，而且通常被告和原告雙方的都收。

培根過了五年退隱生活後，有一次把一隻雞的肚子裡塞滿雪，要做冷凍防腐實驗時受了寒，支氣管炎發作，因此與世長辭。他一生鼓吹實驗，卻也以實驗結束生命。

著作　《學術的進展》、《新工具》、《論學術的價值及其進步》。
學說

⑴四大偶像說

培根是近代思想史上批判傳統思想及其方法最尖銳犀利的一位。他抨擊柏拉圖的觀念論游離現實，批評亞里斯多德的形上學、中世紀的經院哲學反科學和自我封閉，以及認為三段法邏輯無助於人類知識的擴張。培根為打破一切妨礙經驗知識探求的「異端邪說」，在他的著作《新工具》中提出四大偶像說。

①種族偶像 (idols of tribe)：指人們在認識外部事物的過程中，把人類的本性和萬物的本性混雜在一起，導致歪曲事物的真相。培根指出，人們在觀察事物時，往往不是以宇宙（自然）的尺度為根據，而是以人的尺度為依據。如人在認識事物時，常把人類特有的意志和感情灌輸到對事物的認識中。人的活動是有目的的，因而認為自然事物的活動也是有目的的，由此引

出目的論，使事物人格化、擬人化。種族偶像的基礎是人類的天性，因而人人共有。原因在於「把事物的性質和人自己的性質攪混在一起」，所以歪曲了事物。

②洞穴偶像 (idols of cave)：是指個人的偏見。這種偏見或為天性、或因受教育、所讀書籍、所處環境的不同，使每個人「都有他自己的洞穴」，從洞穴中觀察外界事物猶如坐井觀天，不能如實反映事物的本來面貌。顯然，這是指不同個人的認識局限性。

③市場偶像 (idols of market-place)：是指人們在交往聯繫中由於語言概念的不確定、不嚴格而產生的思維混亂。經院哲學家們所使用的術語和概念，如命運、第一推動力，或者根本不存在，或者沒有確定的涵義，或者是臆測出來的，這就造成無意義的爭論。「它使一切陷於混亂，並且使人陷於無數空洞的爭論和無聊的幻想。」培根認為這種假象最難排除。

④劇場偶像 (idols of theatre)：是指因盲目崇拜某個學術權威，輕信某種流行的哲學體系或哲學教條，以及從錯誤的證明法則中，在人心中形成的假象。在培根看來，他那個時代「一切流行的體系都不過是許多舞臺上的戲劇，根據一種不真實的佈景方式來表現它們自己所創造的世界罷了」雖然比現實世界更令人滿意，但畢竟虛假不真，就像劇場中演戲一般。

(2)學問的分類

培根對學問的分類不以學問所研究的對象為標準，而是依人的認識能力來分類。他主張人的認識能力有三種：記憶、想

像、推理。記憶產生歷史，想像創造詩歌，推理構成哲學。

⑶歸納法的建立

培根在科學與哲學的歷史上最有貢獻的是歸納法的倡導，使歸納法成為一切知識擴張與累積的根本工具。他首先區分三種不同的研究態度：

①獨重經驗猶如「螞蟻囤糧」，牠們只是將外面的東西，一一搬回儲藏起來，並不加以系統整理。

②專賴理性宛若「蜘蛛結網」，牠們的材料不是從外面找來的，而是從肚子吐出來的；擅長理論建構，卻無經驗材料的蒐編能力。

③兩者適當結合才是最優良的知識探求態度，好比「蜜蜂釀蜜」，牠們採攝百花的精華，加上一番釀造的功夫，做成了又香又甜的糖蜜。

地位　培根是英國經驗主義創始人。英國皇家學會讚嘆他為「自然王國的統治者」、「物理學的偉大復興者」、「實驗歷史的偉大建築師」、「實在的哲學和堅實的學問的倡導者」。就其所提的嶄新科學分類和研究新方法而言，人們將他譽為「近代的亞里斯多德」。羅素把培根譽為「近代歸納方法的創始人」、「給科學研究程序進行邏輯組織化的先驅」。認為培根「佔有永遠不倒的重要地位」。培根的聲譽在國內比在國外高。培根是近代唯物主義和實驗科學的真正始祖。

㈡霍布斯

生平　霍布斯 (Thomas Hobbes, 1588～1679) 生於英國，牧師之子，幼年喪父，由伯父養大，就讀牛津大學，畢業後與名流交往，是培根的學生兼朋友，思想偏向經驗論。曾往巴黎做私塾教授，13 年後返英從事著述。

著作　《論法律》、《論公民》、《物體論》、《巨獸》、《論人》。

學說

(1)哲學方法

霍布斯的哲學基本上是唯物論的，他甚至把物體的因果知識應用到人性與政治問題，對上帝問題存而不論。霍布斯將宗教視為政治權術的工具，又把政治與人性問題看成一種物體現象，可藉幾何方法層層推演出前後互相關聯的政治原則來。霍布斯是個極端的唯名論者。

(2)機械唯物主義認識論

霍布斯用機械觀點解釋世界，解釋國家，解釋倫理，解釋宗教的成立問題，解釋認識，故他的認識論，是典型的機械唯物主義認識論。

(3)國家論

用性惡論來說明國家的起源。用「君權人授」來批判「君權神授」。《巨獸》一書中，霍布斯總共提出 19 條自然律。他規定國家的形成基於一種「社會公約」，他認為國家建立之初，無所謂正義，無所謂合法公約；只有國家產生之後，按照人民的全體意志訂定公約，然後才有迫使人民行使公約的意義存在。

《巨獸》初版的封面插畫，巨人帶著皇冠，一手拿著權杖、一手拿著寶劍，
身體則由許多的人民組成

霍布斯根本排除一般所謂「自由」的觀念,因為在《巨獸》的
國家統治之下,無條件服從法律無異等於取得個人的「自由」。
霍布斯主張國家君主具有解釋上帝意旨的權力,而所謂宗教不
過是一種法律系統,而非必然真理。他將宗教信仰與教義問題
一概還原為政治權宜問題,國家規定一切宗教信仰的成立與否,
否則宗教只是一種迷信。事實上,依照霍布斯國家絕對主義的
立場,宗教已經沒有特殊存在的意義。

(三)洛　克

生平　洛克 (John Locke, 1632～1704) 是律師之子,早年就讀牛
津大學,專攻哲學、自然科學、醫學,潛心研究培根、笛卡兒
學說。曾經行醫與做教學
工作,為了健康離英赴法。
後捲入政爭,避居荷蘭,
在荷蘭完成教育名著《教
育漫談》 及 《人類悟性
論》。1688 年英國爆發光
榮革命,洛克隨即返英,
結識了牛頓,多少受其影
響,牛津大學求學期間涉
獵笛卡兒著作,受教於波
以爾,洛克的思想傾向於
經驗主義。洛克終身未娶,

洛克肖像畫（John Greenhill 繪）

晚年有紅粉知己，最後死於肺炎。

著作　《論寬容》、《論政府》、《教育漫談》、《人類悟性論》、《理性與宗教》。

學說

　　⑴知識論

　　①「白板說」：心靈像一張白紙，無天賦觀念，無「生而有之」的知識。

　　②經驗的來源途徑有二：

　　對外在事物的感覺，叫「外經驗」──「感覺觀念」→「單純觀念」。（色、聲、香、味、冷、熱、軟、硬）

　　對心靈活動的反省，叫「內經驗」──「反省觀念」→「複合觀念」。（分析、比較、組合）

　　複合觀念有樣態、實體、關係三種。

　　③知識的正確性是基於經驗，知識的境界，限於經驗及悟性能力。

　　④知識的分類：直觀（不證自明）、論證、感官。

　　⑵形上學

　　洛克跟隨笛卡兒的想法，把實體分為兩類──心靈的實體存在、客體的實體存在。心靈的實體屬性是思想，樣態是喜怒哀樂的情感；客體的實體是物，物的特性是伸展性，特性所展示出來的樣態是運動。

　　在洛克的本體論或形上學裡，所提出的根本上和笛卡兒所提出的一樣，所不同的是我們如何把握住這些不同的實體，用

哪一種知識的方式去把握它,就是洛克與笛卡兒分道揚鑣之處。

(3)倫理學

依照經驗主義的原則而討論,以為感受到的痛苦和快樂,是分別善惡的尺度,同時也是倫理的標準。

洛克提到一個人心靈痛苦時,可以用教育或交往的方式,從別人那裡得到一些安慰,所以他特別重視政治社會與人與人之間的關係,也因此特別重視教育問題。

教育需要國家的支持,國家有權利,也有義務教育自己的國民,使得國民在某一方面有責任,在另一方面有權利,他特別討論自由的問題,以為人可以利用自己的自由,去建立一個富強康樂的國家,建立一個正確的人生觀。

洛克的倫理學發展最深刻的是宗教哲學,利用信仰和理性的對立,以為理性的目的是找尋真理,而宗教由啟示來幫忙,如果啟示把真理先闡揚出來,則理性的工作就可減輕。所以他提出理性和信仰可以互相補足,他認為宗教是必須的,人不但有理知生活的一面,而且有情感生活的一面,不但有感官作用的一面,而且有直觀的一面。

影響　洛克是英國古典經驗論的鼻祖,也是近代民主主義的代表性思想家。《人類悟性論》是洛克的最重要的一部書,他對政治哲學的影響十分重大、十分長遠,所以必須把他看成不但是認識論中經驗主義的奠基者,同樣也是哲學上的自由主義的始祖。

(1)在哲學上:洛克繼承並發展了培根的唯物主義經驗論,

成為十八世紀英國唯物主義的先驅。

(2)在心理學上：是知識論的正宗鼻祖。洛克開創觀念聯合研究領域，後人繼續發揮，形成「聯想心理學」。

(3)在政治上：洛克是君主立憲的辯護者。間接影響法國啟蒙運動者，尤其是百科全書派。

(4)在教育上：洛克的紳士教育理論奠定了英國近代教育的基礎，留下富有借鑑意義的寶貴遺產。

第四節　啟蒙運動哲學

一、文化背景分析

㈠宗教上

「自然神教」排斥神學的傳統觀念，諸如天啟、預言、神蹟等思想，強調神為物質世界以外的抽象存在，但其行動仍受制於自然律，不能改變此律。這種服膺自然法則的宗教觀念，本質上就是自然神教。

㈡政治上

「自然權利論」、「民約論」等的自由主義。淵源於洛克的自然權利論，依自然法的觀念，強調人天生有神聖不可侵犯的自然權利，包括生命、財產、自由與平等，及追求幸福等權利，人們據此權利定約而成立國家，這是民主政治的先驅思想。

法國人權宣言

(三)社會上

　　重視自然科學理論與應用的「科學至上主義」。主張應推廣到大眾的生活，自然科學在社會中所扮演的角色，漸有支配社會生活各方面的浩大聲勢，人們視科學為萬能的社會觀念，普遍地滋長。

(四)歷史上

　　「進步主義」基於人類在自然科學研究方面的日益進步，新發明與新發現不斷地增加人們對未來的信心。史學家和哲學家都相信，世界不斷地趨向美好，人類只要對自然探測與現實探究，多費工夫，未來便可將整個世界從罪惡、無知與迷信中解救出來。

(五)人生觀

　　「樂觀主義」充滿信心與希望，努力追求進步。在思想上，注重理性的提高；在生活上，注重合理的方式；在治學上，注重科學的認識。

(六)道德上

　　「理性主義」道德觀念訴諸理性的判斷，換言之，人們對喜惡、是非等判斷的標準，都是以理性為依據，走向完美。

二、各國特徵

㈠英　國

　　由於經驗論的發展，對於心與物的對立問題頗感興趣，而且就從心與物的關係中，他們特別從經驗著手；此外他們在啟蒙運動時期，對於宗教改革也有興趣，尤其是利用新教的一些神學體系，對付舊教的一些教條式的東西。

㈡法　國

　　注重全面的發展，無論政治、社會、教會、教育各方面都有論述，而且每一位大思想家，都跟隨風尚，寫他自己的「百科全書」，此期在法國算是豐收期，因為他們在很短的時間內，已經編了很多的「百科全書」。

1751 年法國百科全書的主編狄德羅

㈢德　國

　　特別注重個人的自覺。啟蒙運動由英國發源之後，到法國就發生很多問題，在德國則分兩方面，有主張啟蒙者，亦有主張復古者。

三、代表人物

㈠孟德斯鳩

孟德斯鳩 (Charles Louis de S. Montesquieu, 1689～1775) 是法國啟蒙運動大思想家，著有《法意》，尤其注重法治精神，認為國家存在的目的是讓民眾過幸福的生活，因此百姓的自由，尤其是思想、集會、結社、著作等自由，國家都應該加以保障。在這種保障民權的政治理想中，孟德斯鳩主張君主政體、君主集權制，他以為君主才真正有權保障人民的權益。

㈡伏爾泰

伏爾泰 (Fransois-marie Arouet, Voltaire, 1694～1778) 是法國文學家及哲學家，終生為理性、人權而努力，他的著作中沒有很深的哲學思想，著作中的條理也沒有很深的哲學方法，他非常懂得群眾的心理，用文學的情感來表現他的思想，以文學代替哲學，以文章來修補理知和內容的不足。

他本身不是一個無神論者，他認為神的存在與宗教的存在，只不過有利用的價值。宗教是感情的東西，哲學才是理性的東西，宗教唯一能夠存在的理由，就是它能夠滿足人的情感。

㈢盧　梭

· 人類生而自由，但到處都是枷鎖。

　　盧梭 (Jean-Jacques Rousseau, 1712～1778) 是法國啟蒙運動中最偉大、影響最深的思想家。他不但反對傳統的宗教與倫理思想，而且反對所有百科全書的作者，他的主張現在已經成為世界各地的口號：進步、自由、平等、幸福。

　　盧梭著有《懺悔錄》、《民約論》、《愛彌爾》。

　　盧梭是法國大革命的真正前導，因為他的口號是「回歸自然」。他主張人應該過著自然的生活，他認為自然一切都是美好的，一到人的手中就變壞。

　　他堅持人性本質上是善的，兒童與生俱來是純潔的，但社

法國萬神殿於法國大革命時改為先賢祠埋葬法國偉人們，伏爾泰與盧梭皆葬於此，是法國大革命的精神指標

會制度使人變得貪婪、邪惡。他是近代自然主義教育哲學的鼻
祖，他的思想帶有濃厚的自然哲理、浪漫情調、個人本位、民
主傾向等理想特質。《愛彌爾》一書中他強調自然主義教育、自
然懲罰，被稱為「近代兒童教育之父」。

　　他對宗教的看法是「自然神論」，承認人類天生有自然的宗
教感情。但是他對於教會權力、啟示與奇蹟等反理性的宗教要
素則給予猛烈抨擊。他在哲學上的地位不能算高，然而就整個
近代歐洲的文化發展潮流整體來看，盧梭的存在乃是十八世紀
的時代象徵。

㈣孔多塞

　　孔多塞 (Marquis de
Condorcet, 1743 ～ 1794)
是法國政治家、哲學家和
數學家，曾在巴黎學習。
他在數學方面的研究，受
到高度的重視；在哲學上
宣揚進步思想和人類的無
限完美，對十九世紀的哲
學和社會學具有極大的影
響。在法國大革命時期，
他站在人民這邊，發表過

孔多塞肖像畫

一些雄辯的演說和撰寫過一些著名的小冊子，如《伏爾泰傳》、
《人類心靈之進步史》。後來他受到極端黨派的指控和譴責而被
捕，最後自殺身亡，死在獄中。

　　他繼承啟蒙思想而推進十九世紀進步觀念，雖然在法國大
革命時受到多番迫害，但他對人類的前途始終極表樂觀，相信
人類不會倒退，會持續進步，理性、自由、平等等理想會一一
實現。他被史家曼紐爾 (Frank Manuel) 稱許為法國五位人類進
步的預言家之一，其他四位是杜哥 (Turgot, 1727～1781)、聖西
門 (Clande Henri Saint Simon, 1760～1825)、傅立葉 (Francois
Charles Marie Fourier, 1772 ～ 1837)、孔德 (Auguste Comte,
1798～1857)。其中孔多塞、聖西門、孔德同時被列為法國實證

主義者。

孔多塞認為人類的歷史就是一部進化史，其進步可以分為十個階段；其中九個階段已經過去，現在正要進入最後一個階段。

孔多塞進化史的十個階段：

第一個時代：人類結合成部落。（即初民社會）

第二個時代：游牧民族——過渡到農業民族的狀態。（農耕時代）

第三個時代：農業民族的進步——下迄拼音書寫的發明。（文字發明時代）

第四個時代：人類精神在希臘的進步——下迄亞歷山大時各種科學分類的時期。（希臘化時期）

第五個時代：科學的進步——從它們的分類到它們的衰落。（黑暗時代）

第六個時代：知識的衰落——下迄十字軍時期知識的復興。（十字軍東征時代）

第七個時代：科學在西方的復興——從科學最初的進步下迄印刷術的發明。（文藝復興時代）

第八個時代：從印刷術的發明——下迄科學與哲學掙脫了權威的束縛的時期。（科學革命時代）

第九個時代：從笛卡兒——下迄法蘭西共和國的形成。（啟蒙時代）

第十個時代：人類精神未來的進步。（科學萬能時代）

第五節　日耳曼哲學

一、產生背景

　　西方從啟蒙運動之後，整個哲學就落入德語區的地域。從康德統一理性主義與經驗主義，統一文藝復興與啟蒙運動思想之後，發展了一個從希臘以來從未出現過的大的思想體系，也就是康德走的路線，不是希臘的純「知」，不是中世紀的「信」，而是「實行」。

　　德國古典哲學是指從康德開始，中經費希特、謝林，到黑格爾集大成的唯心主義辯證法，費爾巴哈的唯物主義宣告這一哲學的終結。

　　從十八世紀七○年代康德登上哲學舞臺，到十九世紀四○年代費爾巴哈《宗教本質》發表，法國經歷一場政治革命，德國則經歷一場哲學革命。德國哲學革命主要的特徵是，自覺地把辯證法引入哲學，探討思維中的辯證法。它是自希臘以來歐洲哲學發展的繼續，也是當時社會變革，自然科學新成就在哲學中的反映，它是一個劃時代的發展，是一次歷史性的變化。

　　此一時期的德國與英法相比，相形之下落後很多，資產階級嚮往革命又害怕革命，德國的古典哲學就呈現此雙重性格，在形上學與唯物主義之間徘徊。

二、代表人物

㈠康　德

生平　康德 (Immanuel Kant, 1724～1804) 生於東普魯士（在今俄羅斯）一個新教家庭。16 歲念大學，31 歲取得博士學位及講師資格。46 歲那年被任命為邏輯學和形而上學教授。

康德一生未婚，生活規律，大家根據他散步經過各家門前的時間來對錶，但是有一回他卻沒有準時出現，原來是他在讀盧梭寫的《愛彌爾》，讀到入神以致於忘了散步時間。他說讀盧梭的書他得多讀幾遍，因為在初讀時文筆的美妙害了他去注意內容。

雖然康德是虔誠的教徒，但他在政治和神學方面都是自由主義者；他對法國大革命向來是同情的，而且他是一個民主主義的信仰者。

著作　《純粹理性批判》、《實踐理性批判》、《判斷力批判》。其中《純粹理性批判》是康德嘔心瀝血、冥思苦想、勞作多年的哲學思想奠基性著作，全書分為兩大部分，即「先驗要素論」和「先驗方法論」。就如同亞里斯多德的《形上學》一樣，是人類思想發展史上的一座豐碑。

其政治思想主要反映在晚年寫的《論永久和平》和《道德的形而上學》的第一部分〈法學的形而上學原理〉中。康德的科學著作中最重要的是他的《自然通史與天體理論》。

學說　《純粹理性批判》、《實踐理性批判》是康德的認識論與

倫理學著作,《判斷力批判》是他的美學和目的論學說。這三個批判構成他所說「真、善、美」的哲學體系。在前兩個批判中,現象和本體,必然與自由,認識和倫理是彼此對峙的、截然劃分的。而判斷力是溝通雙方的橋樑。《判斷力批判》前半部,是關於審美判斷力問題與美學問題;後半部是目的論的判斷力。

康德所面臨的哲學問題有:

知識論:經驗論與理性論之爭。

方法論:歸納法與演繹法之別。

倫理學:利己和利他的對抗。

康德的貢獻就是提出答案。

(1)康德的四大目標

①我能夠知道什麼?──這代表人的理智、知性。

②我應該做什麼?──這代表人的意志,屬於道德問題。

③我可以希望什麼?──這牽扯到人的感受、情感,屬於美學問題。

④人是什麼?──知情意連貫起來,構成一個整體,是哲學問題。

(2)純粹理性批判──「真」

康德說:「思想沒有內容是空的;認知沒有概念是盲的。」

康德將人的認識能力分為三種:感性、悟性、理性。

人的認知過程:感性作用(形狀、樣子、顏色)→悟性(判斷的能力,有 12 個先天的範疇)→理性(形成綜合判斷)。

12 個先天的範疇:

①以量來說：有「單一性、眾多性、全體性」。

②以質來說：有「實在性、否定性、限制性」。

③以關係來說：有「實體與偶性、原因與結果、交互性與集合性」。

④以狀態來說：有「可能性與非可能性、存在與不存在、必然性與偶然性」。

哲學的認識論上：

康德調和由笛卡兒、斯賓諾莎、萊布尼茲等建立的理性主義，及由洛克、休謨等人建立的經驗主義之間的衝突。康德認為堪稱知識的必須是先驗知識，也就是獨立於我們的經驗之外者。經驗只是組織的質料素材而已。康德以為真正的知識，必須符合兩個基本條件：一為必要性；二為普遍性。後驗的知識——就是經驗的認識，是無法符應這二項要求的。

(3)實踐理性批判——「善」

康德說：「有兩種東西，我們對它們的思考愈是深沉和持久，它們所喚起的那種愈來愈大的驚奇和敬畏就會充溢我們的心靈，這就是繁星密佈的蒼穹和我心中的道德律。」

康德的道德哲學討論的主題是「意志自由」、「靈魂不死」、「神的存在」。

他認為道德的建構過程為：「無律」→「他律」→「自律」。

①善惡是以行為的動機來判斷，是重動機而輕結果。

②善是依照道德或義務心行動，即康德說的「無上命令」。

③認知善惡是靠人有良知：最高的神賦予世人「行善避惡」

的良心律。

④實踐道德權威是訴之於公理的義務心：當天理與欲望衝突時，要順天理抑制欲望。

康德的道德哲學對教育的影響為：

①道德教育重視道德觀念的領會。

②道德教育重視自動遵從規律。

③道德教育重視訓練意志。

⑷判斷力批判——「美」

美學與目的論是判斷力批判的兩大問題：

美的分析

①從質上考察，審美判斷是無功利的判斷，這是把審美愉

看到美麗的風景會引起快樂的感覺

快與其他愉快區分開來。

②從量上考察，審美判斷具有普遍性。

③從關係上考察，及考察美與目的的關係。

④從狀態上考察，審美判斷具有必然性。

可見康德的美是主觀的唯心主義。

目的論分為兩種：「主觀性目的論」、「客觀性目的論」

①主觀性目的論：不受概念之助，發生在人身上，直接引起快樂、滿意與內在調和的感覺。

②客觀性目的論：發生在人身上，引起快樂，但是間接性的，需依靠經驗和概念推理的過程，如一朵花同時供藝術家及博物家觀賞，一直接感受、一間接判斷。

地位及影響　有人將柏拉圖、亞里斯多德、康德並列為西洋哲學的三位大師，康德開啟一個新紀元，他淵博有系統的知識論、倫理學、美學理論，深深影響日後哲學的發展。

康德的實踐理性判斷，使西洋哲學開啟新局，但引起很大風暴，有贊同者、有反對者，最後修正形成德國觀念論。有三位大思想家：費希特、謝林、黑格爾。

㈡費希特——主觀觀念論者

費希特 (Johann Gottlieb Fichte, 1762～1814) 是德國觀念論第一位思想家，受康德影響很深。當拿破崙侵佔德國時，他特別利用民族意識振奮德國民心，同時創立柏林大學，發展他的教育哲學。他聞名於世的就是〈告德意志國民書〉（1807 年）。

知識學　費希特提出兩條哲學的道路：

⑴獨斷論：把「理智」抽掉，用「物自體」來界定「我」及「自由」。徹底的獨斷論就是唯物論。

⑵觀念論：用觀念去界定一切，把經驗中的「物自體」抽掉，留下「理智」做經驗的依據，就是唯心論。

費希特認為唯心論與唯物論是絕對對立、不可並存的。而只有唯心論才是「唯一真正的哲學」，唯物論是不科學的。

辯證法　費希特在德國觀念論中最大的貢獻就是：發展邏輯辯證法，把整個宇宙存在的問題都思考進去。

費希特以「絕對我」為思想基礎，由「絕對我」自身再意識到無限事物。人的意識能直觀地先意識到自己的存在，然後意識到其他事物的存在。步驟如下：

⑴先自我確定自我（實在性），也就是人的意識在內省中直覺的發現「自我存在」，此意識直覺的「自我」是真的而實在的我。（正題）

⑵人的意識在發現自我之後，又直覺地意識到「我」之外，尚有很多別的事物，此別的事物，便是「非我」（否定性），此「非我」對立性的否定了「我」。（反題）

⑶「我」與「非我」是矛盾對立，彼此限制性的否定，此「我」與「非我」，在人的意識內便直覺出來，故有直覺性意識的人，是統一及綜合的「絕對我」。（合題）

倫理學　人生的目的就是「做」或「實行」，不只是個人征服生老病死，還要在群體當中努力創造社會的幸福，人與人要同舟

共濟、互相鼓勵。實踐是為了群體，這群體才是真正的「合」，超越了「正」與「反」，達到宇宙「真如」世界，而「自我」也變成「絕對我」。在整個宇宙中，所有的人都是一體，所有的存在也成為一體，變成「真如」的世界。

存在與實踐的關係　(1)「無罪期」：物我不分，無意識，無善惡，無是非真假，萬物自由。

(2)「誘惑期」：人的意識漸覺醒，物我不穩定，此時為希臘沒落、羅馬崛起、基督教傳入的混亂期。

(3)「犯罪期」：物我截然分開，「絕對我」完全消失，呈現對立與矛盾。

(4)「救贖期」：從「實踐」去促成各種矛盾與對立，設法再回到「統一」的境界，這就是費希特教育哲學最大的功能。

(5)「成聖期」：理性慢慢超越以往所有痛苦經驗，而超升到藝術境界。由實行到統一，由統一到超升，回復到比未分化前更良好的境界。在此期，「絕對我」又回復了自由，能統合一切，又能使一切成為渾然一體。

費希特把這五期象徵著人完成自我的途徑，從「絕對我」開始又回到「絕對我之中」，經過了「實行」的過程。

(三)謝林──客觀觀念論者

存在主義之父齊克果 (Sören Kierkegaard, 1813～1855) 聽了謝林 (Fridrich Wilhem Josph Schelling, 1775～1854) 的課，覺得謝林的整個體系非常完美，好像建築一座大廈，但卻不是人

能夠住的。

自然哲學　受費希特哲學的影響，謝林認為知識完全是由於主體和客體的對立而獲得的。

超越哲學　受費希特哲學的影響，謝林認為精神優於物質，也就是思想先於存在。

它的進行步驟是：

①理論哲學（使用邏輯辯證法，從精神推論到自然物質的存在）。

②實踐哲學（抵達倫理道德的境界）。

③藝術哲學（「絕對我」的境界，完全把個人消融在境界當中，變成同一宇宙）。

同一哲學　受斯賓諾莎哲學的影響。同一哲學最主要的概念是「絕對中立」，沒有邏輯的真假對錯，沒有倫理的是非善惡，而是高於所有的知識與倫理層次的神秘境界。這神秘境界延續了柏拉圖與普羅丁的哲學，把所有分殊的東西，都能以更高的概念把它統一起來，「絕對中立」的方式聯結所有的矛盾與對立。

倫理學　受柏拉圖哲學的影響。謝林到老年注重本身修成的問題，且成為他的生活方式，因為在統一哲學的高峰，人性走向神性，已經不再斤斤計較塵世得失。他的倫理最高峰，便是要把人追求至善的心情完全表露出來，使動態的宇宙與動態的心靈變成同一法則，從所有的束縛中解脫出來，成為自由自在的精神體，而且是絕對精神的東西。

㈣黑格爾——絕對觀念論者

· 可以站得住腳的，就是有道理的。

生平　黑格爾 (George Wilhelm Friedrich Hegel, 1770～1831) 所處的時代背景有兩個特色：啟蒙運動與浪漫主義，當時充滿著進步的精神。

　　他生於德國官紳家庭，進入大學修道院就讀神學與哲學。擔任過家庭教師、地方報紙編輯、紐倫堡中學校長、大學講師、教授等職。1818 年應普魯士國王威廉三世詔請，到柏林大學任教並主持柏林大學哲學講座，1829 年任該校校長，1831 年病逝。黑格爾在柏林大學的 13 年中，形成一個以黑格爾為中心深具影響力的哲學學派——黑格爾學派。在他晚年甚或逝世後一段時間內，成為官方哲學，並受德國文化部（就是教育部）指

黑格爾與他的學生

定為哲學必修課程。

著作　《精神現象學》(哲學體系的導言)、《邏輯學》、《哲學百科全書》、《法律哲學》、《歷史哲學》、《美學》、《宗教哲學》、《哲學史》。

學說　黑格爾是德國哲學中由康德起始的觀念論那個運動的頂峰，雖然他對康德時常有所批評；假使原來沒有康德的學說體系，決不會產生他的體系。黑格爾的哲學非常艱深，他的哲學體系是從神學走向哲學，思想重點在於：「本體神學」或「存有神學」。他的意思是把「存有」、「神」、「邏輯」看成三位一體。

(1)精神哲學

依辯證法發展分為三個階段：主觀精神（正）→客觀精神（反）→絕對精神（合）。

①主觀精神：個人

黑格爾認為人的本質是精神，此精神乃是人的「意志與自由」。人最初憑本能生活，自私自利與禽獸相同。其後，理性發展，始知去除自私自利，避免濫用自由，因而要限制自由，故訂定法律。

②客觀精神：社會

客觀精神，指個人精神的外部表現，如法律、道德、政治組織等。客觀精神發展經歷了三個階段：「法」（「抽象法」）、「道德」、「倫理」。

③絕對精神：藝術、宗教、哲學

「絕對精神」是主觀精神和客觀精神的統一，絕對精神發

展包括三個環節：「藝術」、「宗教」、「哲學」。

精神的發展程序，先有自私自利的主觀精神；後有群居性社會國家的精神；最後合主觀與客觀精神，反歸自身，發揚人最高度的絕對精神，其具體的本質表現，是直覺性的藝術、情操性的宗教、思維性的哲學。因為藝術的本質是美，宗教的本質是善，哲學的本質是真。藝術的形式是自由發展（建築、雕刻、音樂、技藝、詩歌）；宗教的形式是虔誠信仰；哲學的形式是觀念思維。

黑格爾認為絕對精神所表現的藝術、宗教、哲學，也是循著正反合辯證法向前進。

A. 藝術：東方藝術（印度、埃及）→希臘藝術→基督教藝術。綜合結果藝術更精神化、道德化。

B. 宗教：自然宗教（東方宗教）→精神的個體宗教（猶太教、希臘宗教、羅馬宗教。猶太教是崇高的宗教；希臘宗教是優美的宗教；羅馬宗教是實利的宗教）→啟示宗教（基督宗教）。

C. 哲學是藝術與宗教的統一。哲學是絕對精神的究極展現，通過「絕對的哲學」（特指黑格爾自己的哲學），絕對精神自覺地思維自己、認識自己。哲學以論理學的探求方式出發，於是哲學體系形成一個圓環的全體。

⑵歷史哲學

黑格爾區分世界史的發展為：兒童時代（東方世界）→青年時代（希臘世界）→壯年時代（羅馬時代）→老年時代（日

耳曼時代）。

　　通過一種辯證法的歷史發展敘述，黑格爾頌揚日耳曼民族所代表的近代基督教世界為整個人類歷史的巔峰。黑格爾此說顯示德國人的民族優越感。

地位與影響　黑格爾是西方集大成的思想家，他將西方二千多年來的哲學統一在他的辯證法中，同時又把西方的唯心論推至極峰，使整個宇宙都向著「絕對精神」發展和進步。

　　黑格爾的影響固然現在漸漸衰退了，但以往一向是很大的，而且不僅限於德國，也不是主要在德國。十九世紀末年，在美國和英國，一流的學院哲學家大多都是黑格爾派。在純哲學範圍以外，有許多新教神學家也採納他的學說，而且他的歷史哲學對政治理論發生了深遠的影響。馬克思在青年時代是黑格爾的信徒，他在自己完成的學說體系中保留若干重要的黑格爾派特色。

康德與黑格爾的比較

康德	似柏拉圖	透過理性探求永恆不變的「形」
黑格爾	似亞里斯多德	目標讓「形」與「力」並存

第六節 結 語

西洋近代哲學，開始於「科學哲學」的探討，經「道德哲學」的提升，終結在宗教情操的「觀念論」中。

「科學哲學」的方法，一直到理性主義淪為獨斷主義，經驗主義淪為懷疑主義之後，才知難而退。此時康德出來，把哲學導向「道德哲學」層次。近代哲學發展到黑格爾的「觀念論」時，兌現了「用一切去衡量一切」的哲學界說，可惜黑格爾「左派」學者誤用了辯證法的邏輯，更掉包了辯證的內容，而產生辯證唯物論，催生了共產主義，赤化了半邊世界。

西洋哲學的興盛，除了希臘早期，中世紀十三世紀以後外，就是十九世紀前半期；到了十九世紀中期之後，興起了唯物論、實證主義、實用主義、功利主義、進化等思想，重新陷人類於迷失之中。

第六章

當代哲學

　　當代哲學從十九世紀中葉開始，以黑格爾為分水嶺，因為黑格爾將觀念論的思想，帶到了最高峰，因此引起許多反面的思潮，有主張實證論者，有主張唯物論者，有主張生命論者，有主張現象學、存在主義及邏輯實證論者。

　　當代哲學形成的原因有：

受科學的影響　科學及數學方法侵入哲學領域，如英法的實證論思想的產生。

強調物質性的存在　中世紀的哲學以「神」為中心；近代的哲學思想是以「人」為中心；現代哲學思想，因物質科學發達，使人的思想，由形上學降到物質的存在上，因此產生了唯物論的哲學思想及美國的實用哲學。

科學的進步，促使人文學發展　哲學是人文學的靈魂，以「具體的人」為基礎，而產生了生命哲學及存在主義。

十九世紀哲學

一、客觀與主觀 { 1.客觀主義：赫爾巴特、波查諾
　　　　　　　　2.主觀主義：叔本華

二、宗教與反宗教 { 1.齊克果的宗教觀
　　　　　　　　　2.尼采的反宗教

$$
三、自然主義與人文主義
\begin{cases}
1.德國唯物論
\begin{cases}
(1)辯證唯物論：費爾巴哈、馬克思、恩格斯 \\
(2)自然科學唯物論：達爾文、赫胥黎
\end{cases} \\
2.法國實證論：孔德、顧躍 \\
3.英國功利論：彌爾、斯賓塞 \\
4.美國實用主義：皮爾斯、詹姆士、杜威
\end{cases}
$$

二十世紀哲學

一、生命哲學：狄爾泰、柏格森
二、意識哲學：胡賽爾、謝勒
三、精神哲學：雅斯培、海德格、馬色爾、沙特、卡繆等
四、科學哲學：德日進

第一節　十九世紀哲學

一、客觀與主觀的對立

　　客觀主義者或是主觀主義者，他們都與德國觀念論的意見不同，他們都是反對從康德以來的德國觀念論的思想法則與思想內容。

　　唯實論 (Realism) 與客觀主義 (Objectivism) 是首先出來修正康德的兩個派系。

㈠唯實論

赫爾巴特

　　代表是赫爾巴特 (Johann Friedrich Herbart, 1776～1841)，德國人，他認為人的認知能力，可以透過假相而認識真相，真相與假相兩者相輔相成，是一體的兩面。在他的哲學中，最主要的是看清了人在對價值的批判中，不但有能力，而且有極限。康德以及德國觀念論，高估人性的能力，而忽略了對於人極限的探討。

　　赫爾巴特價值觀念分成五級：1.賞善罰惡→2.正義→3.慈悲→4.完美→5.內在的自由（最高級）。

　　赫爾巴特的貢獻在教育學和心理學方面，被稱為「教育學之父」。他提出教學四步驟：1.明晰 (clarity)→2.聯合 (association)→3.系統 (system)→4.方法 (method)，他的門生故舊發展出五段教學法：1.準備 (preparation)→2.提示 (presentation)→3.比較 (association)→4.總括 (generalization)→5.應用 (application)，借用赫爾巴特之名，從此赫爾巴特教學法風靡歐美教育界。

㈡客觀主義

　　代表是波查諾 (Bernhard Bolzano, 1781～1848)，生於捷克，他的著作很多，其代表作有《宗教學讀本》、《科學》等。他以

為康德與德國觀念論者費希特、謝林、黑格爾等都是屬於主觀主義的學者。他們無法在形上學的架構上拿出證據，因此，他特創客觀主義的學說，認為真理是客觀的、是最高的存在，所有的存在都是分受了它的餘蔭。

波查諾

(三)主觀主義

叔本華 (Arthur Schopenhauer, 1788～1860) 生於普魯士，在十九世紀中期，首先倡導發展主觀主義 (subjectivism)。他傳承德國的神秘主義及觀念論，把人的意識看作宇宙的中心，並把人的心靈消融在宇宙整體之中。他最重要的貢獻，就是將精神和物質貫通起來，把整個宇宙看成生生不息，充滿整體觀的動力存在。他的代表作是《意志與觀念世界》，書中

叔本華

強調知識對象的主觀性，因而奠定了主觀主義的基礎。

他自我分析思想，來源有五種：

(1)理想層次上，接受柏拉圖的思想；

(2)實行作為上，採取康德的先驗意見；

(3)主觀考察上，繼承謝林的哲學體系；

⑷客觀探求上，接受休謨的見解；

⑸神秘人生體驗中，學習印度宗教情操。

在叔本華的生活中，女人、酒、音樂是不可或缺的「三位一體」。因此養成他殘酷自私的個性，對人與對己都不信任。他分析自己，認為「良心」分為五種成分：「習慣、先見、空虛、怕神、怕人」，這五種都是主觀的。「習慣」對應的是「柏拉圖哲學」；「先見」對應的是「休謨的經驗主義」；「空虛」對應的是「印度哲學」；「怕神」對應的是「謝林的統一哲學」，開啟現代西方哲學非理性主義之先河；「怕人」對應的是「康德哲學」。

他的思想在前期中，充滿了苦難、憂傷、失敗和悲觀；但進入後期思想，則是從絕望走上希望，從悲觀走上樂觀，從個人的極限走上宇宙的偉大，將宇宙論和人生論熔為一爐。

二、宗教與反宗教的對立

㈠齊克果的宗教觀

生平　齊克果 (Sören Kierkegaard, 1813～1855) 生於丹麥哥本哈根，當得知自己的身世是父親強暴下女的產物時，頓覺自己是個例外，因別人都是父母愛的結晶，而自己居然是暴力的產物。深覺自己有兩個原罪：一是原祖亞當遺傳而來；二是自己的父親所犯下的罪行，因此常在內心感覺自己死後必下地獄，因而構成恐懼、失望的心理。另外生母的早逝，與父親的憂鬱、兄姊的夭折，都造成齊克果從小就有孤獨的傾向，在這世上找不到可以傾吐自己心聲的人，因而情感上就比較孤僻與早熟。

　　求學時代專注神學及哲學的思想發展，但更醉心文學。大學畢業後從事新聞工作，他的專欄與新聞評論頗有名氣。在工作中認識 17 歲的雷其娜小姐，訂下婚約，可是當齊克果把心中隱念告訴雷小姐，雷小姐只是一笑置之，使齊克果對人際關係絕望，因而解除婚約。

學說　在孤獨與例外的雙重壓力下，進而陷入憂懼和絕望之中，但他不肯因此放棄自己的希望，於是便積極的探討人生的意義，因而進入第二個思想的階段，就是批判存在。他用可以理解的層次，一層層地深入到我們存在的意義和價值，從可以理解的層次，漸漸的進入不可理解的層次。其生平著作、整個思想體系，都是在追求自身的存在，且使自己的存在超升成為完美的人。

　　他的宗教觀，不是屬於傳統的宗教，而是屬於個人內心的信仰。他認為人內心唯一的出路，便是與上帝交通，也唯有如此，才能夠尋獲個人的存在和平安。

　　意志先於理性，這是齊克果與叔本華一致的地方。齊克果認為人性有三種存在的層次：感性的（求一己的滿足）→倫理的（想到別人的存在）→宗教的（使人走向神性）。

　　齊克果的思想階段：體驗存在→批判存在→實現存在→肯定個人的存在（物質、生命、意識、精神）→人要依賴神。

㈡尼采的反宗教

- 痛苦的人,沒有悲觀的權利。
- 到女人那兒去嗎?別忘了帶根鞭子。

生平　尼采 (Friedrich Nietzsche, 1844～1900),生於德國,父親早逝,母親是牧師娘,來往皆虔誠信徒。尼采對宗教反感,兒時缺乏玩伴而孤獨,好文學、古典音樂。當兵時因摔傷而導致頭痛,性格更加孤僻,很少有知心朋友,談過戀愛但沒有成功;除了仇恨宗教,也漫罵女性。瘋了以後,住進精神病院,由媽媽和妹妹照顧他,後來媽媽病逝,妹妹終生未婚,服侍他。

尼采有兩點奇特之處:

⑴尼采生於宗教家庭中,日後卻成為舉世聞名的反基督教的人。

⑵尼采在女人的周圍與養育中長大,日後卻成為堅決的反女性主義者。

他是一個大學教授,一個詩人,一個哲學家,一個孤獨的漂泊者。對尼采影響最大的人是:叔本華和華格納。

尼采和華格納認識三年,尼采的處女作:《悲劇的誕生》出版。在這裡,尼采把希臘文化分成蘇格拉底以前和蘇格拉底以後兩個不同的階段,前者的文化是由健康的生命力所創造的,後者則是毫無生氣的理性的產物。尼采繼續說,現代的文化像過去蘇格拉底時期的文化,只有華格納的音樂可以拯救這種文

化的危機。尼采把一個藝術理想寄託於華格納的歌劇上面。華格納得到這樣的知己，他怎能藏得住內心的高興呢！無怪乎華格納在讀完《悲劇的誕生》之後，對尼采叫喊著：我從來沒有讀過一本像這樣好的書，簡直偉大極了！

學說　他是一個真實的人，曾有人說不了解尼采，就不可能了解我們這個世紀的西洋哲學思潮、文藝思潮和社會思潮。

　　從蘇格拉底開始，靈魂與身體是二分的，且靈魂高於身體，靈魂是根本，身體是附庸；靈魂是主宰，身體是工具。尼采將之徹底翻轉，他在《查拉圖斯特拉如是說》(*Also sprach Zarathustra*) 中說靈魂與身體不可分，靈魂是身體的工具，身體是本能與衝動的集合，是力的集合，不僅是美的起源，也是一切知識和真理的起源，思想不過是內驅力的一種功能。我們追求知識，是因征服欲導致，知識是權力的工具，知識並不是客觀世界的摹本，而是一個解釋的過程。尼采將知識變成求生存的問題，他想通過重估一切價值來恢復被基督教重新評估過的古代的價值。

　　一般人所認識的尼采，是提倡「超人」的尼采，及宣佈上帝死亡的一位思想家。他對西洋哲學的貢獻，在於他個人對生命的一種嚮往與真誠，以及在生命中的奮鬥；他的特點，便是他宣示了傳統的上帝的死亡，宣佈人與人之間仁愛道義的沒落。

　　尼采哲學的三種對立是：

　　⑴生命與倫理對立：倫理限制生命活力的發展，尼采選擇生命，放棄倫理。

(2)人與世界對立：人應與命運搏鬥，以生命衝力與權力意志，超越此世命運。

(3)強者與弱者對立：不必問應該與否，而要問有無欲望與衝動，如此才能顯示生命活力，人才有自由，人才能做自己。

尼采以駱駝、獅子、小孩比喻人精神的三種變化。人最先如駱駝般忍辱負重，孤獨地走進無人的沙漠。在沙漠的歷練之中，我們的精神變成了勇猛的獅子。在獅子的爭取之下，牠創造了新的自由，如小孩般成為新的我、新的開始。

尼采認為生命的意義是：

⑴悲劇：宣揚人的自由，人性的獨立與無限崇高，要與傳統搏鬥。但拼命追求幸福，卻無所得，故構成了悲劇性。

⑵奮鬥：雖然生命是悲劇，感受是荒謬，但非絕望而自殺，而是面對現實，不失望，最可悲的是放棄生存的獨立權利。生命的意義也在於努力奮鬥，而不用倫理或宗教的原則來束縛和限制人生命的衝力。

⑶赤裸的存在：不必為了偽裝而生存。

生命的三大特性，就是完成超人的目標，非出世而是入世，要在自身找到生命的意義，超越到高處，乘願再來，普渡眾生。

齊克果是存在主義的先知，尼采是後現代主義的導師。

比較齊克果與尼采：

齊克果	尼采
存在主義的先知	後現代主義的導師
探討實存的哲學家	第一位批判現代性的哲學家
拒絕現時的有限生活	關心現實生活的有限世界
陷入非此即彼的困境	陷入戴奧尼斯的虛無主義，最後瘋狂
共通點： 1.性格殘缺的天才，反對當時的文化和道德，力圖復興古希臘文化。 2.孤獨不群，封閉自我狹小天地。 3.否定黑格爾的客觀唯心主義，接受康德主觀唯心主義。	

　　尼采的貢獻是：發展個人單獨存在的可能性；超人哲學提出的是人性的尊嚴和價值，設法消除人的惰性與依賴性。

　　尼采最不易為人理解和接受的思想是永恆輪迴學說。

三、自然主義與人文主義的對立

　　十九世紀的西方是「科學萬能」的時代。後半期的思想主流最主要的是：德國唯物論、法國實證論、英國功利主義、美國實用主義。

　　德國唯物論之後產生共產主義，從實證論與功利論的共同發展而產生了進化論。

(一)德國唯物論

　　德國的唯物論，可以分為兩種：一種是辯證唯物論，另一種是自然科學唯物論。

辯證唯物論　完全承受了黑格爾的辯證法，來證明唯物的特性，它發展的過程，正好是黑格爾辯證法的發展過程，而只是以絕對的唯物來取代絕對的唯心。這種唯物論，在哲學上有很特殊的地位，因為所有的共產主義國家，以及所有的唯物論基礎，都是由辯證唯物論所導引出來的。辯證唯物論最主要的代表是費爾巴哈、馬克思和恩格斯。

自然科學唯物論　則是用科學的方法來試驗出物質才是所有存在的根本，但是，由於科學的實驗，只能夠舉出類似的證據，而舉不出必然的論證，因此，在哲學上無特殊的地位。其主要

的代表人物有奧斯華、達爾文、赫胥黎等。

(1)費爾巴哈 (Ludwig Feuerbach, 1804～1872)

「人吃什麼，就是什麼」，表現唯物思想的高峰。

人吃什麼，就是什麼

　　費爾巴哈生在德國，是黑格爾的弟子，但反對黑格爾的「絕對精神」，著有《黑格爾哲學批判》一書。他要改造哲學，因而徹底建立感官論、自然主義、唯物論。他是第一個覺察到宗教和唯心主義的聯繫，意識到批判唯心主義是徹底否定宗教前提的哲學家。

　　費爾巴哈把西洋哲學中的神、人、物變成三位一體，認為神的觀念是人想出來的，是社會性的一種發展。他認為神的價

值比人高，人的價值比物質高。可是依照本體論先後程序，物質居先；人由物質進化而來，神是由人進化而來。

費爾巴哈認為人對於自然的依賴感是宗教產生的根源，他主張以「愛的宗教」來代替信神的宗教。在費爾巴哈的思想中，宗教和國家是互相對立，不可以同時存在，他認為在此情形下，我們只好要國家、政治，而不要宗教信仰。

⑵馬克思 (Karl Marx, 1818～1883)

・神是人的反應。

①生平

馬克思生於普魯士萊茵地區，雙親世代均為猶太教士。他的父親是一位受人尊敬的律師，為了繼續執業而受洗為新教徒。馬克思的家庭充滿啟蒙運動的氣息，同時吸收了某種程度的浪漫主義與早期社會主義的理念。他在柏林大學念書時，醉心於當時位居主流的黑格爾哲學，後來獲得博士學位。

年輕時便積極投入青年黑格爾運動，此一團體對基督教進行徹底的批判；同時，也隱含著對當時普魯士獨裁政治的反對。後進入新聞界工作，在科隆擔任當時具相當影響力的《萊茵日報》自由派報紙的編輯。馬克思尖銳的文章（尤其在經濟問題上），使得普國政府下令關閉該報，於是他決定移居法國。巴黎是當時社會主義思想的中心，他遇到恩格斯，後來兩人成為密友，終身的合作關係也是從此地開始。

②著作

1848 年馬克思與恩格斯在比利時的首都布魯塞爾共同發表《共產黨宣言》，1867 年發表《資本論》。

③學說

馬克思思想之三個構成要素，就是德國觀念論哲學、法國社會主義，以及英國的經濟學。

馬克思的哲學，可以分成三個層次來討論：

A. 實際的：馬克思的唯物論就是共產主義，他要以最實際的社會生活，作為哲學思辨的對象。他和恩格斯在法國、英國目睹社會的不公平、資方剝削勞方的情形，認為社會一定要徹底地改革，因此才發表《共產黨宣言》；以哲學的思辨支持他的學說，所以他的目的，表面上是要改善工人的生活，他的哲學方法利用黑格爾的辯證，但是他的實際方法，是利用暴力奪取資本家的財產，是要工人出來與資本家鬥爭。

B. 歷史的：在馬克思的哲學思想中，他的辯證是屬於歷史的。他哲學的中心是人與物的關係，這人與物的關係就是人類的整部歷史。而他所指的「人」，不是「個人」，是「群體」，是大多數民眾。人類的歷史是永遠的階級鬥爭，人類的社會是循著唯物辯證三大法則（對立統一、質到量量到質、否定的否定）進行：原始社會→奴隸社會→封建社會→資本主義社會→社會主義社會→共產主義社會，不斷地進行階級鬥爭。

C. 無神的：馬克思提出「宗教是人民的鴉片」，他要除去所有宗教信念，尤其是從人的心靈中去除。唯有去除宗教情操

之後，才能真正地參加階級鬥爭，沒有良心的束縛。要真正搞好階級鬥爭，不但要反對神，而且要反對一切超越的可能性，反對藝術的才情，反對倫理的規範。

⑶恩格斯 (Friedrich Engels, 1820～1895)

恩格斯與馬克思是密友，馬克思主義之所以能夠發展，不但在經濟上完全靠恩格斯的支持，在理論上的發展，尤其是《資本論》，更是由恩格斯補充完成的，這套書也是由恩格斯出錢出版。

馬克思是在理論上、歷史的探討中成為唯物論與共產主義者；而恩格斯是靠體驗來支持理論，有實踐的可能性，是真正的辯證唯物論者。

恩格斯指出社會經濟的發展及其引起的階級鬥爭，是一切重要歷史事件的終極原因和偉大動力，進而論證了暴力、道德、平等、階級、國家、革命，歸根究底都取決於經濟的基礎。

唯物進化的思想，從恩格斯實際推動後，被蘇俄的列寧所採用，因而推動了蘇俄的共產革命，也就是人類歷史當中有唯物以及進化的理論，走上共產奪權鬥爭的開始。這種辯證的理論，由恩格斯開始，漸漸地演變成蘇俄鬥爭的實踐，由蘇俄逐漸氾濫，再到東歐及中國。

自然科學唯物論　由馬克思的唯物史觀，演變為達爾文的唯物進化論；由馬克思的「正反合」辯證法，演變至達爾文的「優勝劣敗，物競天擇」。達爾文認為宇宙事物在自然界中處於競爭立場，強者、優者得以生存，弱者、劣者必遭淘汰，「物競天擇，適者生存」的現象，促成事物的進化。達爾文的「物種進化學說」便是由此而來。

達爾文、赫胥黎他們觀察非洲與澳洲熱帶地方的原始森林、當地動物、生物變化的情形，結論出一切都在「物競天擇」的

原則下，有「適者生存，不適者滅亡」的原理，使得所有的生存是繼續存在或滅亡。

從這些鬥爭以及競爭的、或弱肉強食的人生觀所得的一些理論，終於使得達爾文認為人是由猿猴進化來的。由於十九世紀後半期反宗教思想的誕生，他們就被用來反對「上帝創造人」的命題，以為人是猿猴變的，而不是上帝所創造的。

也就是由於自然科學唯物論所提的人形成的近因以及自然進化的法則，也就使得整個德國體系受到動搖，加上馬克思和恩格斯的學說，在蘇俄受到真正的檢驗，形成唯物論的更大勢力。

仁)法國實證論

法國實證論 (Positivism) 所提出的，是科學萬能的口號。以為看得見的東西，摸得著的東西才是真的，而靠思想得來的東西是虛偽的。

法國實證論的創始人是孔德，而發展人是顧躍。孔德以為人類最高的學問，就是認清現象，也就是認清科學的方法以及科學的內容。孔德這種實證的主張，直接導引出實效、功利以及現實的人生觀。孔德在理論上反對西方傳統的倫理和宗教，但在實際上對它們有所容忍。顧躍無論在理論或實際上，都對宗教不懷好感，並時常提出漫罵和污蔑，他認為倫理的最終基礎是宗教，他覺得如果要反對倫理，就必須先反對宗教。

孔德　孔德 (Auguste Comte, 1798～1857) 生於法國大革命時期，孔德被西方社會學界公認為社會學的創始人。在 1838 年出

版《實證哲學課程》，第一次使用了社會學 (Sociology) 這一概念。對於早期的歷史學家來說，孔德的影響力最為巨大。孔德堅持社會學的研究必須是科學的，此一觀點，仍為當代許多社會學家奉為圭臬。簡單的說，孔德的著作至少部分是針對法國大革命和啟蒙時代的反動而產生，孔德一直憂慮著當時社會所瀰漫的混亂和無政府狀態，因此，孔德發展了一種科學觀點，以對抗他所認為的啟蒙運動潮流下所產生的負面且具破壞性的哲學。這種科學觀點，孔德稱之為「實證主義」(Positivism)，但是，孔德的思想仍和反革命的天主教派不同：

(1)他不苟同重返中世紀夢想的可能，因為科學與工業的進步使這個希望不可能實現。

(2)孔德較先前的學者真正發展出一套更為成熟的理論，並且塑造早期社會學最重要的一部分。

孔德企圖自「自然科學」(hard sciences) 仿製社會學，此一新科學，孔德認為最後將成為主導科學，其內容同時著重社會靜學 (social statics) 和社會動學 (social dynamics)。

(1)社會靜學：探討既存社會結構，如經濟、家庭、政府的建構方式與功能及各部分之間的相互關係。

(2)社會動學：研究整個社會如何產生、如何發展和變遷，也就是社會的發展與進步。

不過，無論是社會靜學或社會動學，其目的均是求社會生活的法則，但孔德認為社會動學較社會靜學更為重要。由此可知，孔德重視變遷問題，因而側重於社會改革，但他認為自然

的社會演化更為美好。換言之，改革只是用來稍微加速促進變遷的過程而已。

靜學與動學的劃分是孔德不朽的貢獻，今日的社會學仍然沿用這個方法。在研究社會的方法中，孔德強調觀察法和實驗法的使用。此外，他也用歸納法、歷史法和比較法去探討社會現象。

孔德把人類智慧的發展分為三個階段，就是神學階段、形而上學階段和實證階段。在社會方面也經歷軍事階段、過渡階段和工業階段。

孔德學說的核心——演化理論，所謂的「三階段法則」，此一演化理論指出，橫亙人類歷史，呈現了三個智識階段，就連團體、社會、科學、個體，甚至心智也是經歷了這三種發展階段。

⑴神學階段 (theological stage)：1300 年以前的人類不明瞭宇宙諸現象，以為是神的作用，由拜物教演變為多神教，再演變為一神教，以為萬物皆天主所造，並受其管轄。

⑵形上學階段 (metaphysical stage)：大約在西元 1300 至 1800 年之間，此一時期，知識漸漸發達，不以宇宙萬物是神的表現，而以理智推究現象發生的緣故，並在現象之後，找尋事物的本體與發生的原因，反人格化的神的信仰。

⑶實證主義階段 (positivistic stage)：1800 年之後，人類凡事信仰科學，人類已放棄尋求所謂的絕對因（上帝或自然），而專注於社會與物質世界的觀察，以企圖探究支配與主宰社會和物質世界的法則。

孔德提出的人類歷史世界的理論，它的焦點是在智識因素，

而唯有當實證主義能取得完全的控制，社會動盪危機才會停止，
孔德將社會改革和他首創的社會學結合，相信社會學將加速實
證主義時代的來臨。孔德學說的觀點包括基本保守主義、改革
主義、科學主義，以及他的世界演化的觀點。孔德的社會學並
未將主題置於個體身上，相反的，他以較大的實體（如家庭）
作為基本的分析單位。他也極力主張我們應該同時重視社會結
構與社會變遷。

　　孔德對於後世社會學理論的貢獻是：強調社會的體系特徵
的結構——社會各部門和要素彼此之間的連結。並主張走入社
會，使用實證法和比較歷史法，進行社會分析與研究，孔德並

孔德進化三階段

階段	神學階段	形上學階段	實證階段
	空想階段	抽象階段	科學階段
人類	童稚期	青年期	成年期
思想	神學思想為主	哲學思想為主	科學思想為主
方法	尋求宗教解釋	尋求哲學意義	尋求科學解釋客觀，觀察歸納產生通則
歷史發展	洪荒→文藝復興	文藝復興→法國大革命	法國大革命→十九世紀
成就	藝術成就輝煌	神權、俗權、奴隸制漸廢，城市社會有所發展	科學萬能

相信社會學終將成為人類世界中的支配科學力量。

顧躍　顧躍 (Jean-Marie Guyau, 1854～1888) 對宗教不懷好感，時常謾罵和污衊教會，有人稱他為「法國的尼采」。他首先接受的思想是進化論與無神論。他從 19 歲就著書立說，反對宗教與倫理，提出人性是自由的，不受任何束縛，連倫理道德也是。

　　他認為倫理學的最終基礎是宗教，他覺得如果要反對倫理，就必須先反對宗教，他的一生都在反對宗教與倫理學，可是宗教與倫理學在哲學上的基礎是形上學，所以他就轉向反對形上學，他的目的就是使現象學能夠成為知識唯一的標準，因此把現象學當作唯一的真實，而我們能夠抵達現象，才是科學中實證的方法。

　　他認為人是合群的動物，所以需要倫理，並非本性具有倫理的東西。他覺得倫理道德，是宇宙與人合一而成為的完整存在。整個宇宙成為一個有機體、一個生命，也就是整個大自然進化的目的，應該是人生存在的目的。

　　實證論主要有三個流派：

　　⑴社會實證論：以社會發展的方式，證明人類在歷史中發展和進步的情形，把這種思想應用到社會政治之中。

　　⑵進化實證論：以理論的辯證，來解釋唯物史觀才是人類進化的動力，經濟活動是人性發展的最終基礎，此派通常被列入唯物論與進化論中討論。

　　⑶批判實證論：就是批判經驗、批判新實證主義、邏輯實證論等派系。

這三派的方向一致，就是利用實驗界定宇宙和人生，導引出「價值中立」。屬於心理學、社會科學領域，成為今日行為主義最極端的一種型態。二十世紀中葉後，這種實證思想充斥英語體系世界，以英語為第一外語的地區也隨之喊出「價值中立」、「人與動物無異」的口號，與十九世紀的「科學萬能」口號契合。

(三)英國功利論

功利主義的起源，可以追溯到邊沁 (Jeremy Bentham, 1748～1832)，邊沁是快樂學的功利主義者，他原想以功利主義的學說建立社會的倫理，使大多數人都過著幸福快樂的生活。但是，功利主義在哲學上中心的課題並不止於學說的目的，而是在於實踐的方法。因此，功利主義本身產生了很多不同的派系，其中值得提出的代表人物，就是彌爾和斯賓塞。彌爾指出，人生的目的，不是找尋個人的快樂，而是謀求大眾的幸福。斯賓塞是跟隨達爾文的進化論，而發展了他的功利主義。在進化的思想當中，如果說達爾文把進化用在生物學上，而斯賓塞就是把進化安置在整個的宇宙之中的人。

彌爾

- 寧可做一個不滿足的人，也不要做一隻滿足的豬；寧可做一位不滿足的蘇格拉底，也不願做一個滿足的蠢蛋。
- 天才是地球上的鹽，不可一日無它。

　　彌爾 (John Stuart Mill, 1806～1873)，蘇格蘭人，生於英國倫敦，父親是心理學家詹姆士‧彌爾。約翰‧彌爾幼受父教，展現天才。他的主要著作有《邏輯學系統》、《政治的經濟學原理》、《自由論》、《功利主義》。彌爾受父親的心理學影響，注重人心靈的內在作用，以經驗中的觀念聯想，做知識論的基礎。有人稱之為「聯想派」鼻祖。

　　彌爾的知識論，是以邏輯的分析法，去分析我們的感官經驗、記憶與聯想等事實。希望能從這種分析中，發現人類知識的起源。他的聯想法則是：利用前人提過的因果律、相近律和類似律。

　　在倫理學上功利主義的特性是：

　　⑴善惡是以行為的結果來判斷，是輕動機而重結果。

　　⑵善就是快樂，惡就是痛苦。

　　⑶認知善是以過去苦樂的經驗為依據。

　　⑷憑藉外力的制裁以實踐道德權威。

　　功利主義的道德哲學對教育的影響有：

　　⑴道德教育重視良好的行為與習慣。

　　⑵道德教育訓練的程序是由外力的制裁逐漸推移而到內心的制裁。

　　⑶道德教育的手段偏重獎賞與處罰。

斯賓塞

　　⑴生平

　　斯賓塞 (Herbert Spencer, 1820～1903)，十九世紀英國哲學

家、社會學家、進化論者，實證主義的主要代表之一。生在一個教師家庭。他只讀過三年私塾，從事過鐵路土木工程技術工作，當過《經濟學家》雜誌的副編輯，一生未婚，後來專心於著述。

(2)著作

他學識淵博，一生著述甚多，被西方學術界稱為「現代的亞里斯多德」，他著有一整套《綜合哲學體系》，其中包括：《第一原理》、《生物學原理》、《心理學原理》、《倫理學原理》、《社會學原理》。他的哲學思想主要集中在《第一原理》一書中。斯賓塞的思想是二十世紀以來西洋哲學和社會學重要的思想來源，他的《社會學研究》，中國清末的翻譯家嚴復譯為《群學肄言》，對中國近代思想家也曾起過啟蒙作用。

(3)學說

斯賓塞跟隨達爾文「進化學說」，而發展了他的功利主義，兩個在二十世紀非常重要的主要概念──「發展」與「進步」。他是繼孔德與彌爾之後，集實證主義哲學大成的人物。

斯賓塞從自然主義的思想出發，提出「完整生活」的內容：

①對於自我生存的直接活動。

②對於自我生存的間接活動。

③對於生育與教養子女的活動。

④參加社會或政治關係的各種活動。

⑤休閒娛樂的活動。

他認為教育是為完整生活的預備，最有價值的知識就是增

進完整生活最有效益的知識。智育的目的在教導幸福；德育的
目的在養成自治；體育的目的在促進健康。智育的教學上，應
注重自我啟發法，引發學習興趣，採用實物教學。德育的訓導
上，應由自我控制，取代盲從權威，採取自然懲罰。體育的訓
練，注重適度的飲食，充分的營養，合適的衣著，適量的運動
和遊戲，必要的娛樂。

㈣美國實用主義

　　實用主義主張實際的效果為真理的標準，這種學說在美國
最為盛行。首先用「實用主義」一詞的是美國的名邏輯家皮爾
斯，他的目的是設法分清楚康德的「實踐」與「實用」兩個概
念。他並實際的領導了實用主義的運動。他認為實用主義並不
是解答一些課題，而只是提出一些方法和方向。實用主義的哲
學過於將人性物性化，因而走向「強權就是公理」的政治結構。
但是，真正能夠把實用概念當成哲學的學派，而自成一個體系
的是美國的詹姆士，他因在美國提倡實用主義而成名，他與皮
爾斯持相反的意見，認為實用主義的意義的確是一種哲學，而
且是一種新興的哲學。此外，杜威也是美國實用主義代表者之
一，他以為自己是屬於黑格爾派，是以「合」的方式去統一皮
爾斯和詹姆士的學說，並將這種新的綜合，稱之為工具主義。

皮爾斯　皮爾斯 (Charles Peirce, 1839～1914) 是美國名邏輯家，
發展數理邏輯，對當代語言哲學有極大的興趣。首先使用「實
用主義」一詞，實際領導「實用主義」運動，他認為邏輯最主

要的任務就是聯繫思想和行動。為使人類的思想能夠真正抵達真理本身，皮爾斯最先分析人類的語言。但由於語言的分析，所用的基礎是數理形式，因此慢慢陷入一種形式的結構之中，使得語言的意義不再是代表客體的東西，而是看這種語文是否符合它的文法。

　　實用主義所導引出來的語言分析，到最後畢竟是把語言當作一種目的，無法使得語言在人的生命中產生任何意義。實用主義哲學因為過於把人性物性化，過於設法運用研究數理平面的公式去規劃立體人生，所以它走的路線，慢慢地走上「強權就是公理」的社會、政治結構。

詹姆士　詹姆士 (William James, 1842～1910) 為哈佛大學醫學博士，美國著名的哲學家和心理學家，因提倡實用主義而成名，實用主義也因他而逐漸體系化。

　　詹姆士說：「我認為世界上只有一種本質，一切事物都由它構成，我把它稱為『純粹經驗』。」「純粹經驗」是一種原始的混沌感覺，他稱為「思想流」或「意識流」，這種「意識流」只有在沒有任何理性活動參與的意識中才能體驗，如睡眠、服藥、重病、新生嬰兒或受撞擊後處於半昏迷狀態的成人才會體驗到。

　　詹姆士否認世界的客觀性，也否認客觀真理的存在。真理是心靈或經驗內部觀念與觀念之間的關係。真理的意義在於某一觀念使我們和我們經驗的另一部分，得到一種令人滿意的關係，也就是在應付環境中得到了成功，取得了「效果」，從而提出「有用就是真理」的公式。把對個人是否有用作為衡量真理的尺度，

使他由主觀真理論，走向多元真理論，和相對主義真理論。

杜威　杜威 (John Dewey, 1859～1952) 生在美國，做過中學教師、大學教授、系主任，到過中國北京大學講學。杜威的思想淵綜廣博，深受洛克經驗主義、孔德實證主義、詹姆士實用主義、達爾文進化論、華德生行為主義的影響，而獨創實驗主義的思想體系。所以杜威的實驗主義學說是上述思想的綜合產物。

⑴知識論：杜威對知識論有兩種見解──

①從知識的功用來看：知識是解決問題的工具，所以他的實驗主義又稱為工具主義。他認為思想活動的發生，來自實際生活所遭遇到的疑難問題；為了解決問題，必須運用思想，想出解決方法，這種思想才是有用的思想，才是進步的知識，才是有價值的學問。教育所要傳授的知識，是有價值的思想，俾供受教者用來解決實際生活的問題。

②從知識的形成過程來看：真正的知識，必須歷經試驗的過程，才能形成，要不然那種知識，就是常識之知，而非科學之知。所以他的實驗主義又稱試驗主義。

⑵方法論：杜威在《如何思維》一書中，分析一個完全思想的過程，有五個層次──

①發現疑難問題。

②確定問題的性質。

③提出可能的假設。

④多方求證假設。

⑤排除不合事實的假設。

杜威的思想方法，重視試驗的過程。

(3)道德觀：杜威認為一個完全的道德行為，應該兼重內外各種要素。行為未發生之前，有動機、欲望、考慮等因素；行為發生之後，應有實際效果。所以道德行為的準則，在於動機純正與行為善良。

(4)社會觀：杜威認為社會是由於它的成員的連續自新而存續，所以個人與社會之間，有不可分割的關聯性。社會是個人的精神結合體，個人之間因目的、信仰、希望與知識等相同點的聯合，形成社會共同的意識，是個人過著一種與人交往生活的準則。民主社會是基於平等的立場，為所有社會成員參與其至善而準備。由於個人在與人交往的生活模式中，與社會環境的交互作用，使他自己發展，也使社會進步。

(5)心靈論：杜威認為人類的衝動與本能，是和自然能力相連續的。心靈的作用力就是思考或知識的感覺，以測定行為或經驗的意義，並重組經驗，以便控制環境。自我是由連續完成的行動選擇，目的在有效適應生活的環境。

(6)本體論：杜威認為，過去理性主義哲學家所主張的「超越」並不實在。真正的實在，是一種歷程。在這個歷程上，所有的觀念，都是依據經驗創造出來的，必在行為中顯示它的意義，這就是實用的觀念。杜威就此實用的觀點，擴張於真理，站在行動的立場，以實證過程，去認識實在，去了解人類生存的種種問題。所以他強調世間並無絕對的真理，能解決問題的只有價值的思想與進步的知識，就是真理。

杜威造訪中國時的合影，前排右起為杜威及其夫人，後排左一為胡適

　　杜威的實用主義主要用在教育哲學上，以「教育即生活」的方式，使教學與生活合一。杜威被克伯屈譽為「世界上最偉大的教育家」。他一生訪問過許多國家：日本、中國、土耳其、墨西哥、蘇聯，不少教育著作也被譯成多國文字，在世界各國廣泛流傳，其中受影響最深的便是中國。

第二節　二十世紀哲學

　　現代西洋哲學思潮的探討，分為前半期與後半期。前半期從黑格爾死後開始，一直到十九世紀末；後半期則從十九世紀開始，一直到今天。

　　二十世紀哲學依照宇宙的四個層次──物質、生命、意識、

精神，把屬於自然主義的思想，包括唯物論、實證論、功利主
義、實用主義，以及邏輯實證論，歸屬於物質探討的層次；把
屬於生命哲學的思想，包括形而上的、精神科學的、以及自然
主義的生命哲學，歸屬於生命探討的層次；把叔本華的主觀主
義、胡賽爾的現象學以及謝勒的價值哲學，歸屬於意識探討的
層次；把齊克果的宗教情操、尼采的超人設計以及雅斯培等人
的存在主義，歸屬於精神探討的層次。

　　二十世紀的哲學中，最有貢獻的是法國生命哲學鉅子柏格
森，以及德國現象學家胡賽爾，他倆破解了實證論思想，使得
唯物主義、實證主義時代清楚地過去，生命哲學成為法國二十
世紀哲學的主流；而德國哲學則是以現象學為中心而發展。

一、生命哲學

　　生命哲學直接淵源於叔本華等人的意志主義，產生於十九
世紀七〇年代的德國，後流行於德、法等國，主要代表為德國
哲學家狄爾泰和法國哲學家柏格森。

　　生命哲學的主要特點是，把生命現象絕對化、神秘化，認
為盲目的生命衝動是世界的本源和萬物的本質；主張反理性的
直覺主義，貶低理性思維的作用。

㈠狄爾泰的生命哲學

　　狄爾泰 (Wilhelm Dilthey, 1833～1911) 是德國著名的哲學
家，生命哲學的創始人。受叔本華等人的意志主義和新康德主

義影響，而創立生命哲學。他的代表作是《精神科學引論》。

　　狄爾泰強調哲學的探討對象不是單純的物質，也不是單純的精神，而是把物質與精神聯繫起來的「生命」。他從心理學的探討開始，逐漸進入人類精神的核心，而最後提出精神的超越，才是人類生命的真正表現。他以心理的體驗和分析為基礎，而肯定機械唯物的原則，無法通用於人類生命。在人類生命的中心，有靈魂的存在，而為人類發展與進步的主體和基礎。

㈡柏格森的生命哲學

　　・生命的本質在於創新。

　　柏格森 (Henri Bergson, 1859～1941) 是法國著名的哲學家，也是法國科學院院士，曾經獲得諾貝爾文學獎。柏格森的生命哲學直接淵源於狄爾泰的生命哲學，所不同的是他的學說涉及哲學各個領域，形成最有代表性、影響最大的生命哲學體系。他的主要著作有《時間與自由意志》、《物質與記憶》、《形上學導言》。

　　柏格森從達爾文的進化學說，獲得「生命」進化的創造能力的肯定；又從斯賓塞的進化論中，獲得「生命衝力」的啟示。他更衝破進化的唯物和機械的看法，而走向精神的，以及目的性的境界。他對生命哲學的最大貢獻，是在物質內重新找到精神的存在，並在人生中重新肯定精神的價值。

柏格森說：世界的本質是「生命之流」，是一種盲目、非理性、永動不息的生命衝動，可見他的哲學混雜著主觀唯心論和客觀唯心論。另外他認為「直覺高於理性」，可見這種直覺主義的認識論有反理性主義、神秘主義的傾向。

二、意識哲學

在文明的制度下，不僅要追求物質的享受，還要有精神生活。在尚未探討精神層次之前，我們要討論其中的意識層次。「意識」是針對知識論，對外界事物的感受；更是對自身存在狀況的反省，從而發現自身存在的價值和尊嚴。「意識」的自覺是多方面的，它除了要對下層的物質世界，及自身的肉體負責外；還要對上層的精神世界，以及自身的靈魂負責。在它的發展過程中，其重要學說如下：

㈠胡賽爾的現象學

胡賽爾 (Edmund Husserl, 1859～1938) 是跨越十九～二十世紀的現象學大師。當德國唯物思想及共產邪說正在猖獗之時，首先由胡賽爾的現象學，提出「意識」優位的知識論，且從知識論過渡到本體論的範圍，而否定了唯物論的學說，更擊破了共產主義所依恃的唯物辯證法。所以自從現象學問世後，哲學的路線便從對「物」的探討，又回到對「心」的討論；從而解決了存在階層中「意識」的「主體性」，以及「意向性」的主觀能力，於是德國學術界再也沒人敢自稱為唯物論者了。

　　現象學 (phaenomenology) 不是研究外在事物的外在現象，而是研究事物的本質。「現象」的字意，在希臘文是指顯現於經驗事物中者，或顯示於生理或心理官能者。換言之，藉外界事物的形色現象，研究外界物體在物質方面的變動。現象學派的代表學者是胡賽爾。

　　以人為例，人是由肉體與靈魂合成的，肉體是會變化和毀滅的物質體，靈魂則是永久存在的精神體。肉體七年一換，也就是現在我的肉體，不是七年前我的肉體；相同的，七年後我的肉體，也不是我現在的肉體，我的肉體變化是物質性存在的變化。但七年前我做過的事，我仍然記得；七年前我學習的學術技能，仍然存有。相同的，七年後我現在所有的知識學識，也將延續七年後，不會因肉體的物質變化而消失，顯然人意識到有一個靈魂的存在。

　　他的知識論，以「意識」作為人知識行為活動的中心，以「直觀」能力，意識到現象內的事物本質。因此有人稱他的現象學為本質性哲學。現象和本質是一體的兩面，是「意識」的對象和客體。因此主客合一、物我合一，知識論被建立起來。

　　胡賽爾的現象學，特別看重方法的研究，在方法的研究過程中，希望透過現代的數學、心理學、哲學的方法，完成知識論的嚴格體系；然後從知識論出發，確立宇宙本體的架構；然後再從本體論的原理原則，而確立人生的道德規範。他在哲學方法的探討上，提出了現象學的三段進程，就是描述現象學、超越現象學，和構成現象學。他對哲學的最大貢獻，是打通從

知識論到本體論的通路，把能思與所思連接起來，從人的主觀意識出發，不但找到了存在的基礎，而且找到了宇宙存在的本體。這一點他超越了笛卡兒，笛卡兒被稱為「近代哲學之父」，胡賽爾應獲得「現代哲學之父」的榮銜。

㈡謝勒的價值哲學

目前價值哲學的最大危機，乃在於把人性的創造能力棄置不顧，而一味喊著自然科學的口號：「言之無物」。在知識論中，凡是「言之無物」的知識，都是膚淺的、具體的、學習的；而凡是「言之有物」的知識，則都是導引人的創造能力，啟發人的天才發明。尤其在人生哲學中，所追求的東西越屬於自然界，其追求就越低級；越能淨化成真、善、美、聖的東西，其追求就越高級。所以補救的方法，應當從根本做起，指出人的整體性存在，人除了物質的肉體外，尚有超越肉體，及內存於肉體的精神。自然科學雖可滿足人的肉體需要，卻無法滿足人的精神需要；而價值哲學的創導，則在滿足人的精神需要。

謝勒 (Max Scheler, 1874～1928) 的價值哲學，是從方法學開始，經形上學，再到倫理學。它的整體過程，是透過「價值」的體認；而它的目的，則是實現人生的幸福。他在價值體系的建立中，提出四種階層的價值，首為感性的價值，次為生命的價值，三為精神的價值，四為宗教的價值。其中以宗教價值最高，感性價值最低。他的價值哲學最重要的貢獻，並不是發現了哲學，或是解釋了價值本身；而是用現象學方法，把人心的

嚮往，劃定了價值體系的真實性。

三、精神哲學

從前述人性的探討過程中，與人生的追尋過程中，人的精神已是不可否認的事實。故於研討人性的物質層次、生命層次、意識層次之後，進而探求人性的精神層次──存在主義(existentialism)。

㈠何謂存在主義

「存在」一名，原出現於西洋早期典籍中，最先由希臘哲學家帕米尼斯德所運用，它的意義只是指出思想界的一切，排除感官的東西。這種思想後來被柏拉圖所採用，以為觀念才是真正的存在。從柏拉圖的弟子亞里斯多德開始，才一反傳統的看法，以為感官世界的事物也確實存在。從亞里斯多德開始，存在是指所有的事物：舉凡看得見的、看不見的、在世的、在彼岸的，都被這存在概念包括進去。

這麼一來，存在主義不就成了形上學主義？

其實不然，「存在」這一概念，在十九世紀前半期，由一位丹麥學者，首先賦予一種嶄新的意義。這位丹麥學者，就是存在主義的始祖──齊克果。他把「存在」概念局限於個人的存在；他認為真正的人生、有意義的人生，只能完成於信仰之中，而這種信仰則在於個人的抉擇，真正的人，只能是個別的人。

此時，所發展的存在主義，對個人存在的闡釋，分為兩大

陣容：一面有存在主義哲學家；另一面有存在主義的文學家。前者站在理論的立場，闡釋人生存在的事實和意義；後者則用情緒的表現，用小說和戲劇描寫出存在的種種。

於是許多哲學中的概念，又派上了用場，像矛盾、荒謬、不安、懼怕、作嘔、仁愛、互助、交往、超越等等；其中有消極頹廢的，也有積極建設的。

㈡存在主義的演變

存在主義起源於丹麥　丹麥的一位基督教徒齊克果，於十九世紀上半期，寫了許多日記，他的思想一方面是來自他對宗教信仰的虔誠，另一方面來自他的家庭生活背景。他當時很不滿意丹麥宗教的制度化：在宗教修養中，他覺得制度淹沒了內容，外表淹沒了內心，他以為個人才是教會救援的對象，而不是集體；個人才是真正的存在。

在孤獨與例外雙重壓力下，齊克果認為人性有三種存在的層次：感性的（求一己的滿足）→倫理的（想到別人的存在）→宗教的（使人走向神性）。

齊克果的思想三個階段：體驗存在→批判存在→實現存在，進而肯定個人的存在（物質、生命、意識、精神），所以人要依賴神。

他所指出的哲學道途是：認清個人自己的矛盾、失敗、荒謬，然後以宗教信仰的方式解脫自己，走向合一、和諧、幸福之境；其間經過的是自由的抉擇。

　　因此，自由抉擇是存在主義的唯一途徑，也是存在主義獲得本質的唯一方法。這個途徑和方法，由齊克果界定之後，就成了正統存在主義的尺度。

存在主義發展在德國　齊克果的思想，由於社會制度以及人心準備不足的關係，被擱置了半個世紀。個人的抉擇想法，一直等到二十世紀初年，才由丹麥文翻譯成德文，存在概念，才漸漸由德國思想家所注意。

　　(1)雅斯培

　　最先引用存在一辭的是德國的一位醫生雅斯培 (Karl Jaspers, 1883～1969)，他幼時罹患小兒麻痺，體弱多病，在同齡的玩伴中自覺例外與孤獨，立志成為醫生幫助人。實習時發現小兒麻痺患者心理的病比生理的病更嚴重，因而攻讀心理學。

　　後來接觸到齊克果的著作，把齊克果日記中所強調的存在概念，冠在哲學之上，成為「存在哲學」。他在 1919 年出版了他的《宇宙觀心理學》，存在主義的思想因雅斯培的努力耕耘，才真正走入哲學園地之中；也就是說，齊克果所發明的存在概念，以及各種有關個人存在的見解，經過雅斯培哲學理論之後，才正式變成存在主義。他在行醫的過程中，以心理學的方法，接近孤獨、例外的人，在絕望中尋求希望，於是他闡明存在與實現存在。於是交往與超越成了雅斯培哲學的重心，而其所用的方法，則是內心的抉擇。

　　雅斯培是西方第一位用哲學體系來解釋存在即為個人的存在的哲學家。他最大貢獻為：利用個人整體的存在、理性精神

的能力，去挖掘出人性在與極限相遇時的種種情緒，以及此情緒所導引出來的悲觀、失望、荒謬、矛盾等思想。把它們超度後，產生和諧與幸福平安的心境，消除一切矛盾和荒謬的對立。

(2)海德格

海德格 (Martin Heidegger, 1889～1976) 生於德國，跟隨現象學大師讀哲學，對知識論與本體論之間的關係，感到非常有興趣，特別喜歡研究尼采與康德。納粹黨執政後，一度擔任大學校長。因為第一次世界大戰的體驗給海德格的印象太深太壞，對於人與人之間的出賣與不公，海德格極力找出原因，終於找到希伯來民族《創世記》記載人與人交往的現實：

> 亞當與夏娃犯罪，上帝詢問：「亞當！你在哪裡？」
> 「上帝！我不好意思見你！」亞當躲在叢林裡答非所問。
> 「奇怪了，是否你吃了禁果，而不好意思見人？」上帝追問。
> 「是你造給我的那個女人叫我吃的！」上帝靜默了一會兒。
> 「夏娃！妳為什麼叫妳丈夫吃禁果？」
> 「是那條蛇叫我吃的！」夏娃同樣推諉著。

由此可見人類有不負責任的原始性格。

海德格以為個人存在的實現，就是要在這「共同存有」的人際關係中，由不負責任變成盡責任，由自私變成承受罪惡，耶穌就是如此為眾人受罪。有了這個我的責任自覺，才是真正

摘下蘋果的亞當與夏娃（1608 年，Hendrik Goltzius 繪）

的自我在生活，在存在，在死亡，在計畫，在選擇本質。在自覺中，「人家」的藉口必須要消除，個人的存在才能夠實現。

海德格的貢獻，就在於他能用最有深度的分析，把人性赤裸的存在描述出來；而又能用開放人性的責任感，去打通人際間的友愛關係；以人際的整體性，來完成個人的存在；以社會大我的意識，來完成人生在世的目的。

存在主義波及到法國　存在哲學的思想傳到法國之後，這種純理的具體分析，已經不足以使人文主義的法國民眾所接受。於是存在主義再度演變到更具體、更直接表達個人感受的方式中。這種方式，就是從哲學走向了戲劇；從論著走向了小說，感情的成分多於理性的成分。

把存在哲學戲劇化和小說化的，有兩位思想家：一位是馬色爾，另一位是沙特。

(1)馬色爾

馬色爾 (Gabriel Marcel, 1889～1973) 為法國人，4 歲喪母，阿姨為繼母。因為父親與繼母過度保護，使他感到失去自由的痛苦。他認為生母一切均好，而繼母一切均差；在下意識中有「看得見」與「看不見」的兩個世界的存在；繼母承受了看得見的世界的一切不完美，而生母則代表美好的看不見的世界。馬色爾稍長，開始以戲劇中的人物，作為自己的伴侶時，總把理想中的美善，來填補現實中的欠缺。長大後信仰基督教，被稱為「基督主義的存在哲學家」。

馬色爾的存在思想一方面展示在他的劇作中，是用「情」

來發揮的；另一方面又用他的哲學作品中的「理」來設法說明。可是在情與理的貫通中，發展了他思想的三部曲：荒謬的發現，奮鬥的真諦，從絕望到希望。

馬色爾在荒謬感中，能夠用「理」的分析，指出個人內心生活的「隔離」、「孤獨」、「自欺」才是真正原因；所以他提出信實，來對付自欺作為解救之道。如果要去掉荒謬感，就必先消除這些因素。

他對人類的命運悲觀，但是對人類卻抱持樂觀的態度。馬色爾的哲學歸宿，走進了宗教的情操中，他在晚年的生活，既喜樂又安靜，在此世已經開始了永恆的天國。

⑵沙特

沙特 (Jean Paul Sartre, 1905～1980) 早期哲學思想源自3H1D：黑格爾、胡賽爾、海德格、笛卡兒。他生於巴黎，2歲喪父，隨著母親投奔外祖父家，與外祖父母共處九年。因外祖家人都人高馬大，致使身材矮小的沙特，下意識非常自卑，等到母親改嫁，跟隨母親住在繼父家。17歲離家，獨立謀生。當過中學教師，曾經到學院教授哲學，又到德國跟從胡賽爾及海德格研究現象學及存在主義，以海德格的空無概念，形成他空無感的學說，來解釋個人的存在，以為空無會使人與本質隔離，使人無法獲得本質。

他認為人類無法不走向毀滅，所以人生是如此荒謬而無意義。因而極力反對那些以為人生有意義、有目的的人；因而先後與卡繆 (Albert Camus, 1913～1960)、梅洛龐提 (Merleau

Ponty, 1908～1961)、海德格等
人決裂,終以反抗、批評、謾罵
為能事,成為一個極端的無神論
者。他對宗教不但為今生也為來
世的肯定,也不遺餘力的大肆攻
擊與曲解。沙特一生都在反抗:
與好友兼情人西蒙波娃
(Simone de Beauvior, 1908～
1986,訂約同居為期 2 年,期滿
延長為 30 年,寧願同居而不願

拜訪中國的沙特與西蒙波娃

結婚)創辦《現時代雜誌》,任社長;為抗美援朝,1950 年加
入法國共產黨,用鬥爭來解決沒有意義的人生。1956 年反對蘇
俄進軍匈牙利,宣佈脫離共產黨;1960 年為反抗戴高樂政權,
任民覺社社長;1964 年獲諾貝爾文學獎,但拒絕接受。在越戰
期間與羅素共同設立國際仲裁法庭,判詹森總統的罪。

　　在文學的發展上,永遠選擇人性醜惡的一面;在哲學作品
中,則用自身荒謬的感受,刻劃出自身存在的三種型態:在己
存有,為己存有,為他存有。

　　在己存有,就是個人的存在,人不可能滿足,人注定在自
由與命定中矛盾。

　　為己存有,使自己變成不是自己,人性被注定要自由地毀
滅自己。

　　為他存有,就是看別人的臉色,使人喪失自我,覺得荒謬、

苦悶。

　　沙特走向了反宗教，而且迷失在唯物主義共產思想之中。

　　自從法國存在主義興起之後，有許多作家群起效尤，特別是小說家，都染上了存在主義色彩，像奧國的卡夫卡 (Franz Kafka, 1883〜1924)、阿爾及利亞的卡繆、由蘇俄逃出來的裴特耶夫 (Berdyaer) 和柴士多夫等等。他們都以具體的人生感受，來剖析存在的意義。

　　「存在主義式的文學」對臺灣知識界的影響看來，可能要算是卡繆的《異鄉人》對六〇年代以來的臺灣知識青年的影響最大。例如，英年早逝的作家王尚義 (1936〜1963) 於 1961 年 6 月發表在《大學生活》122 期上的〈從《異鄉人》到《失落的下一代》〉一文，就可以看出卡繆的《異鄉人》一書，所造成的熱潮。後來王尚義這篇文章，也成為他死後一本「文集」的書名，他的這本「文集」與他的另一本名叫《野鴿子的黃昏》的文集一樣，對後來臺灣的青年知識群，造成巨大的影響，甚至從七〇年代以來，有幾件中學生自殺的案件，都跟閱讀王尚義的「文集」有關。除了亞洲出現自殺風潮之外，美國在 1960 年代也有嬉皮運動的出現，在在顯示對存在主義的誤解。

㈢存在主義的內容分類

第一類：荒謬期（或稱絕望期）　全體的存在主義，都經過荒謬期這道關口。

　　⑴齊克果：個人在社會中被吞沒了，工業社會中只有團體，

沒有個人，個人就是孤獨，就是例外。

　　(2)雅斯培：社會等於大齒輪，而個人只是其中的一個齒，被釘死在大齒輪上，失去了自己的自由。

　　(3)海德格：個人在團體中滾來滾去。

　　(4)馬色爾：人人出賣人人。

　　(5)沙特：空無、荒謬、作嘔。空無感是荒謬時期的最大特徵，如同沙特說的。空無侵入了存在的領域，一切都被浸泡在荒謬的感受中，人的命運，似乎就在於追求永遠追求不到的東西。

　　沙特與卡繆雖然都承認荒謬，但觀點出入卻很大。在沙特的學說中，幸福根本就不存在，人類的追求只是物質，為自己的一種畸形，走向空無，走向毀滅而已。與沙特相反的卡繆卻持著不同的看法，他對人類的命運悲觀，但對人類生活卻保持樂觀，覺得人類有責任去為自己、為別人創造幸福，謀求幸福。因此，卡繆說出了一句為所有存在主義者都值得驕傲的話：「幸福不是一切，還有責任。」就在這責任概念上，沙特固守自己在荒謬期中，不能自拔。西方史學家對沙特曾說過這樣一句話：「沒有信心、沒有朋友、沒有目的的宇宙觀。」

第二類：徬徨期（或稱奮鬥期）　在發現人生的荒謬之後，海德格發展了責任哲學，對自己、對別人都應當負起自己應負的責任。其實，海德格也曾把人的存在看成是憂慮和不安，甚至，以為人生就想逃避責任；但是，他的道德哲學，指出人的這種劣根性，更提出預現將來的方法，使人在共同存有中感受到自

己該有的責任。

在責任的探討中，海德格特別提出了死亡的學說：把這個只能預測，卻無法體驗的東西，拉到生命的一環中；面對死亡的真與純，才是找回真我的途徑。死亡是存在的終站，是存有的起點。但是，誰都沒有體驗過死亡，因而也沒有人完全懂得自身的存在全稱是什麼?更沒有人知道存有的境界是什麼樣子?於是憂慮和不安仍然懸在空中，雖然設法在預現將來中把死亡列在體系內，但畢竟不是能夠體驗的東西。

傳言海德格住在南德的黑森林地帶的山區時，世界各地慕名而來的學者很多，無論誰來按門鈴，總會有位婦人來應門，還未等你開口，就說：「請不要打擾我丈夫，他正在思考。」是的，這位存在主義學者一直在思考，希望思考出一條解脫荒謬的途徑。

第三類：希望期（或稱自由期）　雅斯培說：如果說時間後面有永恆，我們就有希望。我們必須受苦、必須死亡；但是，也必須努力、必須掙扎。他的一生，曾經發現了自身的絕望，曾經屢次追求幸福而失敗（身患小兒麻痺之體驗）。但是，他也在絕望中發現希望；在他決定做醫生時，就以終生為病患服務為職志。在他的思想中，覺得幸福不像金條一般，讓我們去取用；而是像金沙，等我們去挖掘、去提煉。

馬色爾給我們指出了旅途之人當作答案。旅途之人所表示的是，整體的人生有一個目的，個人的幸福，有賴於團體的發展；精神價值的遺產，才能使身後流芳百世。

　　人生的責任，不是去詛咒黑暗，而是要點亮蠟燭；就在光
照別人時，才算真正懂得希望的意義。

　　從荒謬、透過奮鬥，而抵達自由的方向，才是人類應關心
的課題，也是人類唯一可信任的學說。

　　存在主義的最大貢獻：個人的自覺與努力，為自己創造出
存在的基礎，並且為自己創造對未來遠景的可能性。在絕望中
找尋希望，在痛苦中創造幸福，在荒謬中找條出路。

㈣存在主義的發展

　　存在主義的發展，以德國和法國為中心，表現的方法則以
哲學和文學並行；通常發展的趨勢，德國存在主義重「理」、法
國存在主義重「情」。德國的存在主義，以雅斯培和海德格分析
作準則，當理知的分析到達高潮時，竟忘掉了個人存在的另一
真實層面。這一面就是工匠人的理解，工匠人的意義，在於指
出個人與世界的密切關係，這關係是自然科學的起源，也是各
種工業發展的先聲。

　　德國不但是唯心論的搖籃，也是唯物論的發源地。人與世
界的關係，在德國高度工業發展下獨霸。看國家民族的努力方
向，存在主義所提出的個人概念，在工業社會中，就發展成了
駕馭術。

　　駕馭術的意義在指明，人與世界關係中，人可以征服世界，
不役於物。因此，駕馭術要解決的問題，要比存在主義所提出
的，更具體。它要分析工業社會中的個人，希望在工業社會中

找回個人的應有地位。並說明人的存在不是孤獨的，他的天生本質之中，就有世界和工具的關係。因此要闡明人的存在，並不能單用人的感受作為出發點，而是應當把世界，以及人與世界之間的工具併在一起來討論。

駕馭術就是德國存在主義所引起的科學哲學，一方面補足了存在主義的缺失，他方面發展了存在主義所沒有注意的人生問題。

在法國存在主義聲名遠播之時，尤其在沙特拒絕接受諾貝爾獎金開始，存在主義則達顛峰狀態。法國存在主義原以內心情緒作為出發點，因而專以心理學和人類學起家的結構主義興起之後，就成了存在主義的剋星。

由於結構主義的心理分析，不看存在主義的內容，單以存在主義學者的心理背景和狀態，站在全面的問題之下，來企圖摧毀存在主義。

四、科學哲學

西洋哲學史每一時期都各有所偏，如希臘時代特別重視人文，中世紀偏愛神學，近代則專重理性，而到當代自然科學當道，學者乃以科學探討哲學。

科學哲學的探討有兩種：一屬封閉系統，一屬開放系統。

㈠封閉系統──邏輯實證論

邏輯實證論 (logical positivism) 又名邏輯經驗論，它的發源

地在奧國首都維也納，它的動機是反對當時流行的德國觀念論，它的方法是採納法國的實證主義，以及英國的經驗論，所以孔德和休謨的哲學思想皆被他們採納應用。

　　邏輯實證論起因於數學家、物理學家、經濟學家特重哲學中知識論的問題，以為用數理的方法才能夠得到真理，而哲學的根本是真理，真理的獲得是依據數理的原理原則。1907 年他們在維也納開會，運用新實證論的科學方法，以為形上學根本無法以科學方法去證實，在學問上毫無意義，所以形上學不應該稱為哲學。這種新學派的動向稱為「維也納集團」，他們更提出一種「科學語言」，用此語言配合觀察的感覺事件，將經驗及實證主義，應用到思想上。他們認為語言與經驗相輔相成，經驗以形式命題表現，可度量者才有意義。

　　哲學家維根斯坦 (Ludwig Wittgenstein, 1889～1951) 著有《邏輯哲學論》，幾乎成為邏輯實證論的聖經。邏輯家以數學符號作為學問的工具，　有英國人懷海德 (Alfred North Whitehead, 1861～1947) 和羅素 (Bertrand Russell, 1872～1970) 合著的《數學原理》。

　　邏輯實證論是美國二十世紀哲學主流之一，它企圖用當代的科學精神和方法，尤其是數理法則，來取代傳統哲學的一切。邏輯實證論的學說重心，是首以實驗科學的立場，駁斥形上學的不切實際。它對知識的真假對錯，是以物理的法則，為驗證知識的尺度。它認為倫理道德，除在實用和功利之中，有些存在的價值之外，則無其他的意義。它以檢驗性的原則，作為知

識的最高標準。

㈡開放系統——德日進

・人類應該自問要走向何方？

德日進(法國耶穌會檔案)

德日進 (Pieere Thilhard de Chardin, 1881～1955) 一生分為三個階段：法國時期（生於法國，受教育於法國，是個神父）→中國時期（在中國工作 23 年）→美國時期（退休後住在美國）。

德日進的思想背景有三個面向：達爾文的演化論、創化論（柏格森的生命哲學）、基督教信仰。

德日進的著作有：《人的現象》、《神的氛圍》。

德日進是二十世紀真正思想的代表，因為他確實能夠以一切去衡量一切，用整體的宇宙原理去研究整體的宇宙，以人生整體的目的性來研究人生的意義，這也就是他要統一科學、哲學、神學，使它們能夠成為三位一體。承認具體的物質世界，也承認人性的神秘世界，承認人的倫理道德價值、藝術以及宗教價值。

德日進認為，量與質之間沒有鴻溝，無機物與生物之間沒有界線，物質與精神也不對立，皆可藉演化而溝通，最後還能

貫通物質，邁向更高的精神境界。

　　總之，德日進是一個相信「宇宙間有一個最高神存在」的科學家，他以實際的觀察經驗，相信宇宙萬物進化的性能。但物質進化論並不與天主教存在相衝突，因為天主是宇宙萬物的核心。

第三節　結　語

一、現代主義

　　從 1850 年開始，人類邁入所謂的「現代主義」(modernism) 時代，現代主義主要是由三大思潮所領導：馬克思主義、胡賽爾的現象學以及沙特的存在主義。

　　現象學提出了人的意識具有無比的創造性，它將我們從自然科學的領域帶入到人生哲學的領域，而產生了所謂的「存在主義」。存在主義以人為主體，強調個人可以自由地去設計自己的未來，個人的存在成了一切的重心。

二、後現代主義

　　然而到了 1960 年，存在主義卻被所謂的「結構主義」所取代。結構主義主張以結構取代個人，以知命、知足取代對自由的追求，以中庸取代鬥爭。結構主義主要是由索緒爾 (Ferdinand de Saussare, 1857～1913) 的語言學、李維史陀 (Claude Lévi-Strauss, 1908～2009) 的人類學，以及拉岡 (Jacques

Lacan, 1901～1980) 的精神分析所組成：在語言學，可找出人民的思想及系統，在人類學，藉由神話認識原始思想；在精神分析中，由無意識行為找出客觀的原因。結構主義主張人的一切行為皆被無形之力所統治，如同拉岡所言：「我不是我所想的，我不想我所說的。」因為我的言行，被別人所決定。結構主義將人類帶進了所謂的「後現代主義」(postmodernism) 時代。

「後現代主義」這個概念至今仍無法清楚的界定，最先有所謂「後現代主義」者，是在藝術和文學領城，哲學領域的後現代主義最晚出現。

「後現代」並非在時間順序上的「在現代之後」。基本上，現代與後現代在時間上是重疊的。

後現代所標榜的是對「現代性」的批評。概略之，現代性的特徵是「理性化」和主體性哲學。由於這是過於狹隘了的理性主體，因此造成現代社會只追求效率、秩序等，使得人與人之間漸漸疏離了、生活失去了自我觀照的理性，後現代就是針對這些做種種批評。

後現代藝術、文學，甚至是哲學，並沒有傳統的固定表達方式，也沒有一個強而有力的原理支配，而是以拼貼、折衷的方式出現，以動態的多樣化呈現。因此我們要理解後現代主義並不容易，而一般對後現代的評價也是褒貶不一。

概括地說，在五〇年代以後出現的後現代主義有下述特點：

1.企圖突破審美範疇，打破藝術與生活的界限。

2.從傳統藝術、現代派藝術的形態學範疇轉向方法論，用

藝術來表達多種思維方式。

3.從強調主觀感情到轉向客觀世界。

4.對個性和風格的漠視或敵視。

5.漠視作品的獨特性，忽視原作的價值，注重作品的複數性和大量生產。

6.從對工業、機械社會的反感到與工業機械的結合。

7.主張藝術平民化，大量運用大眾傳播媒介。

1966 年羅蘭‧巴特 (Roland Barthes, 1915～1980) 以美學的觀點提出了對結構主義的質疑，他認為結構本身不是最重要的，而是它的過程，於是結構主義得以以脫胎不換骨的方式，轉化成所謂的 「後結構主義」 (deconstruction)。它經傅柯 (Michel Foucault, 1926～1984) 及德希達 (Jacques Derrida, 1930～2004) 的努力，而形成了當代的人類思潮，此思潮可稱之為「解構的後現代主義」(deconstructive postmodernism)。此主義正企圖影響世界上的每一個人，雖然如此，有一股來自於東方的神秘思想正逐漸地瓦解這股思潮，且有取而代之之勢。

傅柯脾氣暴躁、行為怪誕、性格孤僻，喜歡獨來獨往，追求自由、具有批判精神。傅柯是一位學院派學者，始終傾心關注人權，關心被壓迫的婦女權利，以及囚犯、同性戀和國際強權政治犧牲者的利益。他勤於思考與寫作，著述豐富，思想更是獨具魅力。他所秉持的觀念就是「力量即正義」、「知識即權力」。 傅柯對知識結構進行的考古學和系譜學分析是一針見血的；他的博士論文《瘋癲與非理智──古典時期的瘋癲史》，研

究了癲狂、疾病和知識型等問題，因而發現精神病學和瘋人院誕生的秘密，揭露了現代人道主義的虛偽，也發現在思想史上存在著「知識型」的結構性變遷；他關心犯罪與性欲問題，在這兩個領域中，他更詳盡而深刻地揭示了經驗、知識、權力三者之間的關係。傅柯的思想深深地影響著戰後法國的哲學界，並為整個世界的哲學和人文科學掀起了衝擊浪潮。

　　傅柯對於「體驗」及其極限的關注，反映了他的一種新方法。從體驗的方法透視人類「整體歷史」的意義，從而更一般性地透視理性的能力、語言和人類本性。他一生都在體驗和思考康德的四個問題：我能知道什麼？我應做什麼？我可以希望什麼？人是什麼？年輕時的傅柯被歸入結構主義。

　　德希達的哲學，是對歐洲傳統哲學中「同一」或「同屬」的思想的一個挑戰。同時他也受到尼采及海德格的影響，強調「哲學」與「藝術」之間的密切關係。德希達「解構主義」的中心問題，也就是「說話」與「文字」在哲學上所處地位的問題。哲學史是由哲學「文字」而來的，而哲學是從「文字」而來。重視「說話」、「聲音」並壓抑沉默的「文字」，對德希達來說是對「哲學」的誤解。他的解構思想嘗試把此結構「說話（聲音）／文字」的次序倒置而成「文字／說話（聲音）」，進而更將「文字」的涵義擴大而成為「痕跡」、「原初文字」，其涵蓋所有範疇，甚而「聲音」也被看作為「文字」。

　　德希達的解構概念主要來自現象學創始人胡賽爾、海德格和黑格爾。海德格影響更久，尤其克服或解構希臘形而上學的

論述，最終發展成一種「解構主義」。德希達是當代法國思想家，生於 1930 年，於 1976 年發表《書寫語言學》、《聲音與現象》、《書寫與差異》受到理論界的注目，並為差異思想和後結構主義（即解構主義）完成其論述基礎。解構主義的興起正是針對西歐民族本身的意識形態和固有的迷信根據，加以強烈的打擊。

西歐民族的理論修正過程，終於在 1960 年代由穩定、絕對，走向顛覆及不平衡；由秩序走向零散；由中心走向離心差異；由整體走向鎖碎的過程。在解構主義的作品中，不再存在過去時代裡所出現的「共識」之理論模式或話語操作，不具備共同的根源，也不具共同的結構模型。

結構主義 (Structuralism) 和解構主義 (Deconstruction) 二者是繼現象學、詮釋學、存在主義而出現在歐陸的主流，此與邏輯實證論和分析哲學並稱為當代西方兩大哲學主流，由德國發展到法國。結構主義的研究領域是以問題為主的研究方式，而非學科的思考。

解構的後現代主義反映了西方人以理智為思想的中心是有偏離的；加上世界距離的縮短，西方人的思想不再是世界思想的中心，因此所謂的「新世紀運動」(New Age Movement) 就順應著這個時代而崛起。

新世紀運動於 1875 年由神智學會在美國及英國同時展開，更於 1912 年推出了以克里辛那穆提為首的所謂 「世界導師」(World Teacher) 來教導世人。

新世紀運動融合了東西方哲學及宗教思想，以及來自於所謂的「高靈」、「淨光兄弟」所傳達的生命訊息，而使得人類得以更寬廣的角度，來看待自身的生命。

到了 1977 年，由恩卓米達星、昴宿星及其他星系的 ET，不斷傳來了大量而珍貴的生命訊息，它將新世紀運動向前邁出了一大步，人類終於進入了所謂的「後新世紀思想」(Post New Age) 時代。

後新世紀思想補足了新世紀思想的不完整性，更為人類即將面臨的下一個世紀的思想做了鋪路的工作。後新世紀思想的出現，對人類而言，是一大福音，然而相對的，對後新世紀思想的誤解與誤用，也會扼殺後新世紀思想的正向發展，這也是我們今後應該努力及謹慎的地方。

伊哈布·哈桑 (Ihab Hassan, 1925～2015) 以一個濃縮的圖表，將現代主義與後現代主義的特徵一一對應，內容豐富而形式一目瞭然：

現代主義	後現代主義
浪漫主義／象徵主義	形而上物理學／達達主義
形式（聯結的、封閉的）	反形式（分裂的、開放的）
意圖	遊戲
設計	偶然
等級	無序

技精／語言中心	技窮／無言
藝術對象／完成作品	過程／即興表演
距離	參與
創造／總體化	反創造／解結構
綜合	對立
在場	缺席
中心	分散
文類／邊界	本文／本文間性
語義學	修辭學
範式	句法
主從關係	平行關係
暗喻	轉喻
選擇	混合
根／深層	根莖／表層
闡釋／理解	反闡釋／誤解
所指 (Signufia)——無意識	能指 (Siqnified)——意識
讀者的	作者的
敘事／正史	反敘事／野史
大師法則	個人語型
症候	欲望
類型	變化

生殖的／陽物崇拜	變形的／雌雄同體
偏執狂	精神分裂症
本源／原因	差異／痕跡
天父	聖靈
形上學	反諷
確定性	不確定性
超越性	內在性

資料來源：王岳川著，《後現代主義文化研究》，淑馨出版，1992。

　　綜觀西洋哲學史的演變，給我們一個顯明的啟示，便是哲學要面面顧及，要以整體的宇宙和人生去探討，不能偏於唯心或唯物的一端。並要顧及人性的知、情、意三方面，而在對象的選擇上，顧及物質、生命、意識、精神四個層次；在主體認知的尺度上，包括人性的知、行、信三者。科學、倫理、藝術、宗教都是人文世界的產品，但這人文世界是自然世界的模仿、再造、美化與完成。要談人性、要善度人生，就必須同時擁有科學、倫理、藝術、宗教，以科學征服世界，以倫理修己成人，以藝術善度生活，以宗教超渡眾生，然後才能拯救世運，匡正人心，以建立祥和的社會、美善的人生。所以人生就活在希望之中，從知識追求「真」；從倫理追求「善」；從藝術追求「美」；從宗教追求「神」性。

參考書目

1. 西洋哲學導論，張振東編著，臺灣學生書局，1986。

2. 西洋哲學史，傅偉勳著，三民書局，1988 初版、2004 二版。

3. 西洋哲學史，鄔昆如編著，正中書局，1971。

4. 西洋哲學史話，鄔昆如著，三民書局，1977 初版、2004 二版。

5. 古希臘三哲人語錄，林鬱主編，智慧大學出版社，1992。

6. 希臘哲學趣談，鄔昆如著，東大圖書，1976。

7. 中西十大哲學家，傅佩榮著，臺灣書店，1997。

8. 西洋教育思想史，林玉体著，三民書局，1997 再版。

9. 西洋教育思想史，徐宗林著，文景出版社，1992 五版。

10. 西方哲學，B. Delfgaauw 著，傅佩榮譯，業強出版社，1998 二版。

11. 西洋思想發展史，陳俊輝譯，水牛出版社，1983。

12. 西洋思想史，Crane Brinton 著，王德昭譯，正中書局，1982 二版。

13. 西洋哲學史話，Will Durant 原著，國家出版社，1990。

14. 近代西方思想史，Roland N. Stromberg 著，蔡伸章譯，桂冠，1993。

15. 心靈的曙光，傅佩榮著，洪健全基金會，1994。

16. 自然的魅力，傅佩榮著，洪健全基金會，1995。

17. 理性的莊嚴，傅佩榮著，洪健全基金會，1995。

18.時代心靈之鑰——當代哲學思想家，沈清松主編，正中書局，1990。

19.論康德與黑格爾，Richard Kroner 著，關子引譯，聯經，1995。

20.尼采，Ronald Hayman 著，李志成譯，麥田，1999。

21.改變近代世界的三位思想家——馬克思、尼采、佛洛伊德，趙雅博著，商務，1988 二版。

22.西方的智慧，羅素 (Bertrand Russell) 著，何保中、陳俊輝、張鼎國、莊文瑞譯，業強出版社，1986。

23.蘇菲的世界（上）（下），Jostein Gaarder 著，蕭寶森譯，智庫出版，1995。

24.西洋哲學觀念的發展，S. E. Frost 著，劉貴傑譯，新文豐出版，1982。

25.西洋哲學史上下冊，Herbert E. Cushman 著，瞿世英譯，商務，2009。

26.西洋哲學史上下冊，Frank Thilly 著，陳正謨譯，商務，1966。

27.伊壁鳩魯，楊適著，東大圖書出版，1996。

28.新編歐洲哲學史，劉世銓、金正娥主編，水牛出版社，1992。

29.西洋哲學史，Wihelm Winelband 著，羅達仁譯，商務，1998。

30.哲學的故事——重現西方哲學大師的風采，Will Durant 著，好讀出版，2002。

31.西洋哲學史，波爾曼著，孟祥森譯，牧童出版社，1977。

32.培根及其哲學，余麗娥著，巨流圖書公司，1990。

33.智慧之光，王德峰、吳曉明著，年輪文化出版，1999。

34.西洋哲學精義，曾繁康譯著，文化大學出版，1982。

35.西方哲學講義，湯用彤著，佛光出版，2001。

36.洛克，Michael Ayers 著，陳瑞麟譯，麥田出版，1999。

37.斯賓諾莎，Roger Scruton 著，陳中和譯，麥田出版，1999。

38.黑格爾，Raymond Plant 著，陳中和譯，麥田出版，1999。

39.康德，Ralph Walker 著，賀瑞麟譯，1999。

40.康德的批判的批判哲學，孫振青著，黎明出版，1984。

41.教育哲學，葉學志編著，華視文化出版，1980 再版。

42.新西洋教育史，王連生著，樂群出版，1978。

43.從結構主義到解構主義，歐崇敬著，揚智文化出版，1998。

44.現代西方哲學的十五堂課，張汝倫著，五南圖書，2007。

45.後現代哲學思潮概論，程志民著，康德出版，2008。

46.晚期解構主義，賴俊雄著，揚智文化出版，2005。

47.世界最偉大的思想家，林天偉著，德威國際文化公司，2011。

48.西洋哲學十二講，鄔昆如著，東大圖書公司，2007。

49.西洋哲學史——近代哲學，張正修著，國家展望文教基金會，
　2006。

50.圖解哲學入門，大城信哉著，李湘平譯，究竟出版社，2004。

51.影響世界的哲學家，陳治維編著，好讀出版社，2003。

52.現代西方哲學新編，趙敦華編著，五南圖書公司，2002。

53.當代西方哲學家〈歐陸篇〉，弘文館出版社，1986。

54.當代西方哲學家〈英美篇〉，弘文館出版社，1986。

55.西洋百位哲學家，鄔昆如著，東大圖書公司，1984。

哲學很有事 中世紀到文藝復興　Cibala／著

在宗教信仰的聖域中，哲學存在於何處？
在漫長的中世紀時期，又閃耀著多少的理性激光？
本書十六個故事，帶您十六次解讀、十六次腦力激盪！

猶太教、基督教、伊斯蘭教打起來了，這跟哲學有關
係嗎？現代國家和憲法理念的形成，也離不開哲學？
哥白尼的「日心說」、培根的「歸納法」，這些追求
科學真理的學問，居然引爆了近代哲學的小宇宙？
快跟著Cibala老師一起探索，找出意想不到的哲學大
小事吧！